短视频营销

营销铁军 —— 著

天津出版传媒集团
天津科学技术出版社

图书在版编目（CIP）数据

短视频营销 / 营销铁军著. -- 天津：天津科学技术出版社，2020.5（2025.5重印）
ISBN 978-7-5576-7822-7

Ⅰ.①短… Ⅱ.①营… Ⅲ.①网络营销 Ⅳ.①F713.365.2

中国版本图书馆CIP数据核字(2020)第071296号

短视频营销
DUANSHIPIN YINGXIAO

责任编辑：胡艳杰

出　　版：	天津出版传媒集团 天津科学技术出版社
地　　址：	天津市西康路35号
邮　　编：	300051
电　　话：	（022）23332695
网　　址：	www.tjkjcbs.com.cn
发　　行：	新华书店经销
印　　刷：	水印书香（唐山）印刷有限公司

开本 710×1000　1/16　印张 13.5　字数 178 000
2025年5月第1版第6次印刷
定价：58.00元

前言
PREFACE

在信息时代，信息接收的效率和传播的速度，已经成为营销制胜的关键。与文字相比，图片蕴含的信息量更大，更容易被解读。于是，新媒体营销宣传跨入了"读图时代"。但随着互联网的发展，短视频逐渐取代了精美图片，成为新媒体营销的主流。

如果要问最便利的信息传播方式是什么，十个人有九个人会说是短视频。比如，介绍一道菜的做法，纯文字的说明方式让人理解起来吃力，静态的示意图则省略了某些中间环节。短视频则可以提供完整的、连续的、动态的、直观的演示，并且可以将文字、图片和声音融为一体。

从这个意义上说，短视频是集多种信息传播方式于一身的信息载体。尤其是在消费者的时间和注意力越来越碎片化的今天，短视频传播无处不在。这种信息载体成为新兴的营销利器实属必然。

自从抖音、快手等短视频平台爆红之后，微博和微信等社交媒体也开通了短视频制作功能，以求增强信息传播效果，丰富平台内容。

短视频的制作门槛较低，不需要特别专业的技能：只需借助社交工具上的小按钮，就可以创造出简单的、有个性的短视频。

每天都有人用手机录制短视频，上传到网上供大家娱乐。但大多数人还处于自娱自乐的阶段。即使是想做短视频营销的商家，也只懂得基本的短视频知识，即仅仅知道如何把短视频做出来，却不知道为什么有的短视频火爆、有的却无人问津，更不知道怎样才能将短视频流量变现。

本书针对短视频运营者的痛点，把短视频营销的实战经验与各种新媒体营销的理论结合在一起，力图拓宽短视频运营者的眼界，使其站在品牌整体塑造的高度来认识营销问题，而不仅仅是在局部的细枝末节上打转。

通过阅读本书，短视频运营者将告别自娱自乐的阶段，真正认清自己的市场定位，从创意策划到引流推广，从价值变现到品牌塑造，形成自己的战略规划，从而充分挖掘短视频这一营销利器的潜力。

由于作者水平所限，书中难免有错误和疏漏之处，恳请广大读者批评、指正。

目录 CONTENTS

▶ 第一章
内容营销者不可不知的短视频知识

从零开始认识短视频	002
短视频营销为什么如此火爆	007
短视频行业潮流，你看清了吗	013
做好短视频营销的三大基本原则	018
短视频营销的误区，你中招了吗	022

▶ 第二章
玩转短视频的人靠这些方式盈利

以粉丝流量为根本的广告变现模式	028
开启知识付费大门的短视频课程	032
短视频企业号，用引流实现一键卖货	035
先成为短视频网红，再推出产品	039
直播带货：最重视互动的短视频变现模式	043

第三章

创意营销策划以找准市场定位为先

市场定位取决于你选择的行业 048

你的短视频是做给谁看的 052

不关注垂直领域的短视频不会火 056

确定大众当前最感兴趣的内容方向 060

明确自己的人设，建立专属短视频品牌 067

第四章

如何生产有灵魂、有干货的内容

如何组建一支短视频创作团队 072

创作短视频的基本流程及准备工作 076

有"网感"的好创意是怎样炼成的 080

搜集素材是制作出好视频的前提 086

生产有个性、趣味性和新鲜感的内容 090

做好短视频内容策划的基本框架 094

拍摄及制作优质短视频的注意事项 099

为短视频内容增添有灵魂的后期剪辑 103

第五章

在社交平台上引爆流量的高效推广手段

多平台同步推广，形成引流矩阵   108

优化视频发布效果的五个细节   112

选择发布短视频的黄金时间   117

视角贴近生活，引发大众的共鸣   120

提升短视频流量的六种推广技巧   126

第六章

把短视频粉丝逐步转化成忠实消费者

短视频营销背后的粉丝经济   134

扩大粉丝规模是短视频营销的增长点   138

没有定期活动，粉丝看完视频就相忘于江湖   141

让粉丝在短视频文化中寻找自己   145

如何让活跃粉丝愿意为你的产品花钱   149

第七章

用数据分析优化短视频传播效果

评估短视频内容效果的九个关键数据　　154

分析类似题材短视频的数据指标　　160

分析别人的短视频为何能成为爆款　　165

搞懂推荐算法，提高短视频的推荐量　　170

从数据中发现优化短视频传播效果的规律　　175

第八章

打造能引发社群共识的IP品牌

如何评估一个短视频品牌的影响力　　180

短视频时代的用户渴求IP品牌　　185

用短视频培养个性消费意见领袖　　188

IP的品牌逻辑是一群人的狂欢　　192

品牌社交化不只是在朋友圈刷存在感　　196

构建短视频营销生态圈，让品牌成为社群共识　　200

 后记

第一章 内容营销者不可不知的短视频知识

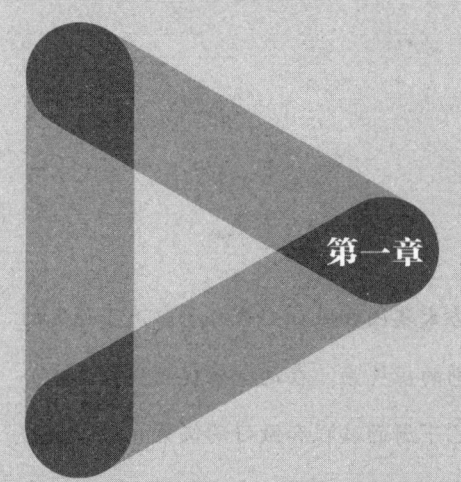

短视频的崛起对内容营销者来说是个利好消息。几乎人人都可以借助社交媒体来制作和传播短视频,把自己想要表达的内容,用最生动、最真实的形式展现出来。而短视频的用户涵盖了几乎所有年龄段、所有行业的群体,受众范围空前广泛。更重要的是,短视频比文字、图片、动漫更容易出现爆红现象。总之,短视频的种种特点使其注定要成为营销利器。不懂短视频,我们将错过许多内容变现的机会。

从零开始认识短视频

▶ 短视频资讯

2020年初,由于疫情的突然暴发,方太集团和胜加广告公司取消了原定的周年庆祝活动,同时发布了一个非常特别的短视频。在这个短视频里,两家公司的多名员工和家人一起做饭,并把自己下厨的过程和做好的饭菜拍摄下来给大家看。短视频传达了"在厨房里 只有那个热气腾腾的中国"的主题,并在最后许下了"快来吧!我们一起面对面吃饭的那一天"的美好愿望。

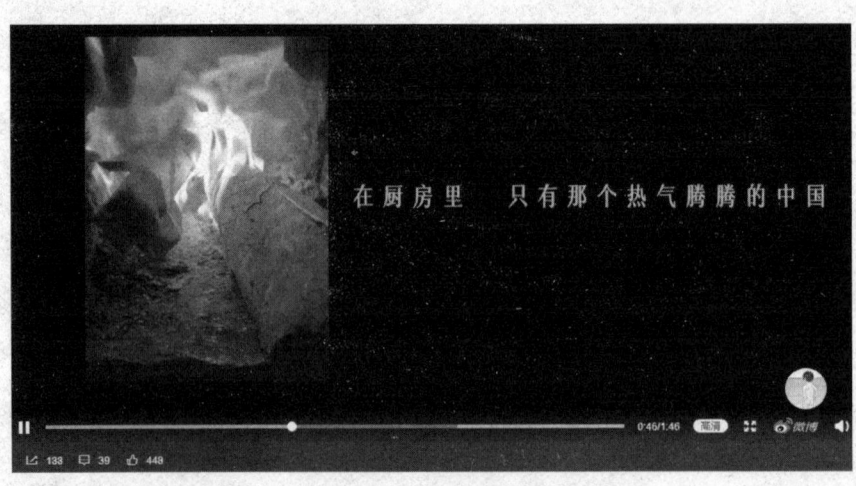

图1-1 在厨房里 只有那个热气腾腾的中国

方太集团和胜加广告公司已经合作了18年，原定在年初举办的周年活动因故取消了。但两家企业的高层别出心裁地推出了这个短视频，以纪念多年合作的友谊，也增加了双方员工共同抗击疫情的信心。下面，我们一起来看看这个短视频的文案：

我们的友谊始于厨房，
所以我们邀请各自的用户、同事、朋友，
共同记录2020年冬的这几顿饭。
纪念我们18年的柴米油盐、酸甜苦辣。

我们从中能强烈地感受到浓浓的人文关怀。从某种意义上说，这个短视频比一般的周年纪念活动更能打动人心，也更有纪念意义。短视频营销的魅力由此可见一斑。

短视频就是录制时间比较短的视频。短视频的时长最初一般在10分钟以内，也有少数在10分钟以上、30分钟以内的。这类视频的播放节奏比较快，内容短小精悍、结构紧凑。由于短视频集图、文、音为一体，能够在短时间内展示较多的信息，所以它非常适合人们利用碎片时间观看。

提起短视频，很多人会想到抖音、快手、西瓜视频、梨视频等新媒体平台。不少人在手机中下载了这些平台的APP（应用），以便观看各种短视频，甚至自主创作和上传短视频作品来增加自己的人气。毫不夸张地说，短视频已经融入人们日常生活的方方面面，甚至改变了传统的营销方式，成为新媒体营销中的希望之星。

让我们来认识一下短视频的家族成员。

1. 原创短视频

原创短视频通常是由团队制作的原创作品,具体内容囊括了多个领域。此类短视频在短视频平台上占据了相当重要的地位。许多知名的短视频头部账号,实际上就是专门制作短视频的创作团队。这些团队以此为业,具有很强的专业性,是短视频营销领域中的一大主力军。

2. UGC短视频

UGC(User Generated Content),意思是用户自己生产内容。我们只要在某个短视频平台注册用户账号,就能利用平台提供的操作系统来录制和上传自己创作的短视频。UGC短视频是各大平台上用户参与度最高、数量最多的短视频类型。许多短视频网红最初都是由UGC短视频起家的,后来才引入商业合作,形成营销团队。

3. 短视频广告

短视频广告的时长一般是30秒到1分钟,被发布在各个互联网平台上。不同于传统的电视广告,它制作费用相对低廉,发布渠道更加广阔。例如,我们在网上看节目之前总会遇到广告,只有注册网站的会员才能跳过广告。虽然这种宣传方式令人不悦,但它确实是短视频家族中的一个重要成员。

4. 宣传短片

宣传短片正在渐渐成为短视频家族中的一个重要成员。比如"江西消防"在2018年推出的古装公益宣传短片《你会使用灭火器吗?提拔我呀》,以一场虚拟的战争为背景,让"主公"展示了一番灭火器的使用方法,留下一句"小火不怕 提 拔 握 压"的消防口诀。这个宣传短片让"江西消防"很快成为网红单位。

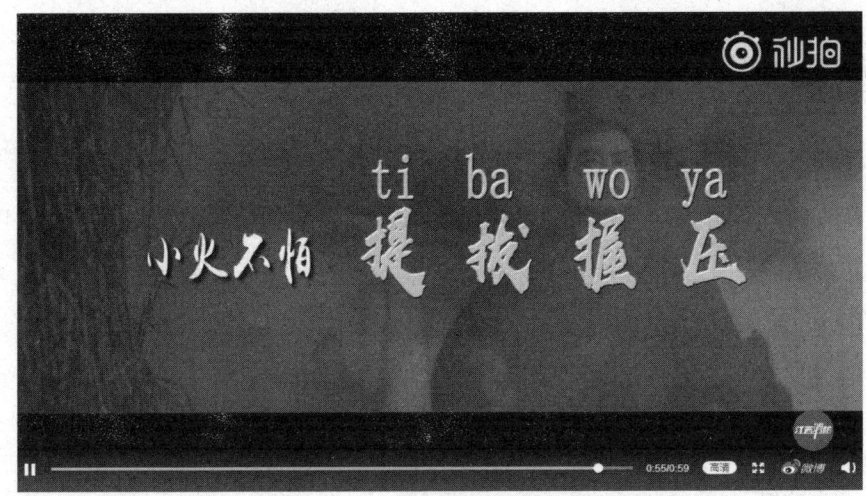

图1-2 "江西消防"短视频

5. 系列短片（含微电影）

系列短片指的是在同一主题下的内容具有连贯性的短视频影片，它由多集短视频组合而成，各集之间联系紧密，可以组成一个完整的故事。

图1-3 百事可乐系列短片《把乐带回家》

比如，百事可乐每年都会推出的系列微电影《把乐带回家》，每次都会从不同的切入点来表达中国人回家过年的情怀。此系列短片是短视频营销的一个典范。

▶ 短视频符合人们的碎片化阅读需求。快节奏的生活,信息量的暴增,把用户的时间和精力分割得十分零碎。人们很难拥有整段时间来阅读。碎片时间的总和惊人,但很难被充分利用起来。短视频的长度较短,用户利用碎片时间就能看完。所以,短视频在信息碎片化时代具备了先天优势。

短视频营销为什么如此火爆

▶ **短视频资讯**

2019年12月18日,"2019DOU知创作者大会"在北京举行。字节跳动副总裁张羽表示:"截至12月2日,抖音上粉丝过万的知识内容创作者数量已超过7.4万,这些优质知识内容创作者累计创作了1985万条优质知识短视频,累计播放量超过了1.9万亿次;他们创作的知识内容在抖音的日均播放量超过了52.1亿次,日均点赞量超过1.6亿次,他们创作的每一条知识短视频,触达了近10万人次。"

近几年来,短视频营销的发展持续火爆。这不仅让用户的生活发生了很大的变化,也为各行各业开辟了全新的营销渠道。毫不夸张地说,不重视短视频营销的商家,错失的不仅是短视频的播放量,还有流量经济和粉丝经济带来的收益。

短视频营销为何能异军突起呢?当把短视频营销和其他的新媒体营销进行对比时发现,短视频有8个先天优势可以称雄市场,对广大用户有着强大的吸引力。

1. 利于打发时间

短视频的时长普遍较短，少则几十秒，最多也不超过半小时，可以让人花费很少的精力看完，不会占用太多时间。这就意味着，用户不必在一天中抽出整段时间来观看短视频，而是可以随时随地地用碎片时间观看短视频的内容。

比如，工作午休时间、上厕所时、上下班通勤，在这些时间里做不了太多事情，但足够看几个自己感兴趣的短视频。于是短视频就成了人们无聊时打发时间的利器。这也意味着短视频天然能获得更高的曝光率，能把营销信息展示给更多人看。任何有头脑的商家都不会放过这个宣传利器。

2. 能满足用户的多种心理需求

用户观看短视频不仅仅是为了打发时间，同时还希望满足多种心理需求。比如，独自在异地打拼的年轻人，工作压力大，能谈心的朋友少，没太多时间进行线下社交活动。具备分享和社交功能的短视频平台就成了他们生活中的一个重要的情感寄托。

用户能在短视频平台上看到各种各样的有趣的或者有用的内容，满足自己的好奇心。用户可以关注自己喜欢的短视频账号，将有意思的内容分享给自己的好友。用户还可以自己创作和上传短视频，通过这种方式来展示自我、吸引他人关注，从而满足实现自我价值的心理需求。从这个意义上来说，短视频对我们的日常生活有着积极的影响。

3. 便于交流的强互动性

现代营销最忌讳的就是缺少跟用户的互动。用户喜欢参与，也喜欢在互动中感受到自己被尊重,唯独不希望被冷漠对待。短视频营销具有很强的互动性,能够轻松实现双向甚至多向的互动交流。企业的官方短视频账号能够在留言区收到大量用户的反馈意见,还可以直接解答用户提出的各种问题。

如此一来,短视频就成了企业快速传递企业信息和展示企业产品特色的重要窗口,对塑造企业文化形象和提高品牌知名度有很大的帮助。当企业用短视频来展示产品或者宣传品牌形象时,企业能给用户一个动态的直观感受,收达到一呼百应的营销效果。

4. 出众的传播速度

自从新媒体兴起以来,一二线城市的用户几乎垄断了各大新媒体平台的话语权,而三四线城市和农村用户在较长时间内没有完全融入这股浪潮。但是短视频凭借制作门槛低、传播效率高的特点,一举打破了这个局面。各短视频平台让三四线城市和农村用户群体获得了展示自我的发声渠道,扩大了原创内容生产者的范围。这使得短视频的传播范围远远超过了其他媒介。

因为比起文字、图画、音乐,短视频更容易获得病毒式传播的显著效果。对广大用户来说,看短视频是最不费力也最不费脑的:无论文化程度高低,都能看懂短视频。易辨识的优点使短视频成为传播速度最快的知识载体,更容易受到大众青睐。

5. 低廉的营销成本

传统的广告营销成本高昂,要投入数以万计的资金。相对而言,短视频做广告的营销成本要低得多,主要包括视频制作成本、传播成本,以及运营成本。

制作成本主要包括拍摄器材、道具、布景等方面的费用,最简单的短视频直接用抖音、快手的短视频拍摄功能就能完成。传播成本低是因为短视频运营者只要在短视频平台上传内容就能起到较好的推广效果。团队运营成本包括团队成员的工资和各种运营管理费用。短视频营销团队通常规模较小，运营成本也较为低廉。低廉的营销成本大大降低了人们用短视频做营销的门槛。

6. 立体直观的展示效果

短视频是文字、图像、影音的结合体，比起单纯的文字、图片和音频，更容易给用户带来立体直观的展示效果。用户从短视频中获取信息，跟从电视上获取信息本质上是相同的，只不过短视频的时长更短，且能随时随地观看。

图1-4　AI（人工智能）修复让人们看到了100年前的北京生活

因此，短视频营销同时具备了内容丰富和欣赏性较高两大优点。这对企业展示产品或者宣传某种应用教程非常有利。如今的短视频营销往往带有产品购买链接，能让用户在观看视频内容之后直接实现"一键购买"，大大简化了购物流程。

7. 准确锁定用户的强指向性

相对于其他类型的营销手段，短视频的指向性更强，能够更加精准地锁定目标用户。用户不会随手点开自己不想观看的短视频，只有觉得短视频内容有继续观看的价值，才不会点击退出键。凡是有耐心看完短视频的用户，基本上都会认可你推荐的东西。

短视频营销的这个优点意义重大。它可以跟电商进行无缝对接，也可以跟其他的社交媒体平台展开合作。运营者通过短视频平台发起各种活动比赛，吸引众多用户参与，再借助平台的搜索排行榜形成垂直领域的品牌影响力。这就形成了一个不断增粉的良性循环。

8. 可以用数据衡量营销效果

短视频营销不是虚无缥缈的东西，其营销结果可以即时实现数据化展示。运营者可以通过分析短视频传播后产生的各种数据来评估其营销效果。各大短视频平台本身就具有大数据统计功能，可以为运营者提供比较全面、准确、具体的决策依据。这使得短视频营销具备较多的科学依据，能够最大限度地避免运营者做出盲目的决策。

专家提示

▶ 短视频类APP堪称消磨时间的"杀手级"产品，因为热门短视频拥有六种令人"上瘾"的积极反馈机制。

▶ （1）短视频设定了诸如旅游、美食、健身、化妆、宠物、幽默等"诱人的目标"。每一个目标都对特定的细分用户具有很强的吸引力，能使其投入时间去完成它。

▶ （2）短视频的点赞功能伴随着动态效果，每一种动态效果都对用户产生了积极的反馈，使参与者获得满足感和愉悦感，更愿意观看和传播短视频。

▶ （3）短视频平台有现成的模板，用户毫不费力就能制作完成和上传一个作品，可以体验快速掌握一项技能的成就感。

▶ （4）有些短视频设有挑战功能，给人们一个主题去表现自己。在挑战不断升级的过程中，用户的成就感会使其越来越"上瘾"。

▶ （5）由于短视频的内容短小精悍，常给用户意犹未尽的感觉，所以人们会迫切地期待下一个相关类型的短视频出现。

▶ （6）短视频的评论功能让用户与视频发布者拥有更多的互动机会。这种表达自己想法的途径，对用户来说也是一种令人感到舒适的正面反馈。

短视频行业潮流，你看清了吗

▶ 短视频资讯

微播易发布的《2020年1月短视频行业动态报告》称，各个短视频平台在疫情期间的平台价值观趋同，以正能量、宅家系列为核心，但内容形式略有差异。其中，小红书以VLOG（视频博客）、PLOG（图片博客）内容为核心，传播"种草"（指"宣传某种商品的优异品质以诱人购买"的行为）类内容。快手则抓住"老铁"（指朋友、死党）基因，不断对外释放下沉市场的内容。B站（哔哩哔哩，bilibili）则以二次元、二次创作、实拍为核心，继续深挖年轻人偏好的内容。抖音则凭借技术流再领高潮，互动内容逐渐走入大众视野。

短视频行业仍在飞速发展。就连微博、微信等社交媒体平台也纷纷开发自己的短视频功能，还把抖音、快手等短视频平台上的网红邀请到自家的营销圈子里。大量图文原创作者的流量也流到了短视频创作者那里，甚至有不少图文原创作者开辟了自己的短视频战线。

从这个角度来看，短视频打通所有领域是大势所趋。参与到短视频营销中的人只会越来越多。但是，世上不会有随随便便的成功，也没有一本万利而没有风险的生意。短视频运营者闷着头扎进去，说不定只会在乱流里不断转圈，而无法找到自己想要的"宝藏"。我们需要扪心自问：自己是否对短视频行业有基本的认识？

1. 短视频行业的特点

短视频行业的特点可以从三个方面来阐述。

（1）用户特点

用户一般使用移动设备（智能手机）来观看短视频，因为移动设备最有利于人们随时随地浏览信息。而且，短视频平台本身就是围绕手机来设计的，用户只有在手机上下载了短视频平台APP，才能观看更多完整的短视频。

短视频用户在大多数情况下都是利用碎片时间来观看短视频的。也就是说，除了睡觉、工作、学习等必须集中精力的整段时间之外的所有闲暇时间，都可能被用户用来看短视频（包括一个人吃饭的时间）。由于观看短视频的人数很多，由此带来的流量比其他媒介更加惊人。

（2）平台特点

短视频的内容既可以单独呈现，也可以跟长视频结合，还可以跟其他原创图文信息结合。可以说，短视频就是一个帮助其他知识载体展示内容的万能搭档。这又反过来让短视频迅速与其他媒介朝着深度融合的方向发展。

互联网平台可以通过短视频获得更高的流量和影响力。比如，新浪微博有许多流量正是来自"大V"们发的原创短视频。此外，微博用户也喜欢转发分享自己从其他短视频平台看到的爆款短视频作品，从而在微博平台上又引爆一轮流量。故而各大平台都在设法融入短视频创业的洪流。

(3)信息流特点

原创图文内容是一种静态的信息流,而短视频是一种动态的信息流。这使得短视频的受众比原创图文内容的受众更加广泛,更有利于扩大信息传播渠道,实现个性化精准营销。按照平台的设定,短视频播放结束后,平台会自动推荐相似的短视频,又会带来新一波动态信息流。这也是短视频在信息传播效率上一骑绝尘,远超其他的内容表现形式的原因。

2. 短视频未来的发展方向

随着市场竞争越来越激烈,短视频行业开始了一轮又一轮洗牌。不能适应短视频未来发展潮流的运营者将会变得默默无闻。运营者只有在以下三个方面不断精进,才能把短视频营销做得长久。

(1)大众化

短视频的一大特征就是制作和传播非常大众化。以抖音、快手为代表的短视频平台,只需在手机上下载短视频平台的APP,就能使用功能键来拍摄录制自己的短视频。即使是不擅长使用智能设备的老年群体,也出现了大量的UGC短视频创作者。

随着短视频APP功能的日益完善

图1-5 快手用户"阳朔老渔翁"

和智能移动设备的不断普及，未来的短视频制作将会变得更加容易。无数用户可以利用高度智能化的工具制作出精巧的短视频。这意味着短视频今后将更加大众化，几乎所有的细分市场都会涌现出大量的内容生产者和营销者。

（2）专业化

由于短视频趋于大众化，因此短视频营销者想要脱颖而出并不容易。这个行业的头部效应很明显，少数精心打造的头部账号能获得大部分流量和收益，绝大多数短视频营销者虽然也能找到生财之路，但远远不能与第一梯队的头部账号相提并论。

因此，只有朝着专业化的方向发展，才能保持领先优势，最大限度地利用头部效应来变现流量，创造更大的价值。许多短视频头部账号刚开始是独自运营，最终都会走上团队运营的道路，即汇聚更多专业人才的力量，打造门槛更高、专业性更强的短视频作品，形成其他人无法模仿的核心竞争力。

（3）社交化

短视频本身带有很强的社交属性。比如，快手短视频平台的理念是"在快手，看见每一种生活"，鼓励广大用户（主要为年轻群体）记录和分享自己的生活。这不仅满足了大众的娱乐需求，也满足了其社交需要。

不同于其他社交媒体，短视频平台更多呈现的是每个用户的真实生活，而不是虚拟的网络角色。用户通过记录和分享自己生活中的片刻，可以从茫茫人海中找到其他有共同经历、共同感受的人。如此一来，分享的短视频越多，用户的朋友就越多。

短视频营销的社交化属性在今后只会增强不会减弱。我们必须看清这个趋势，即在创作短视频时以促进社交为立足点。这样才能赢得垂直领域的粉丝，把用户转化为品牌的忠实拥护者，实现短视频营销效果最大化。

专家提示

▶ 短视频行业发展的立足之本是内容电商对新时期消费者需求的深刻洞察。消费者的需求将变得越来越多样化、个性化、标签化、垂直化。这就要求短视频的内容必须围绕"大众化""专业化""社交化"来升级转型。否则,我们的短视频很容易在市场竞争中变得黯淡无光,最终被大众遗忘。

做好短视频营销的三大基本原则

> ▶ 短视频资讯

  由于突发的疫情，电影院成为交叉感染的潜在场所。2020年春节期间，各大贺岁档电影纷纷从影院撤档，打算择期上映。但北京字节跳动科技有限公司在春晚当天以6.3亿元买下电影《囧妈》的网络独家播放权。因疫情而不得不宅在家里的全国人民，从大年初一开始便可以在抖音、西瓜视频、今日头条上免费观看《囧妈》。这是春节档电影首次在线首播，"抖音请全国人民免费看《囧妈》"的消息登上抖音热点前6名。在抖音#囧妈#话题下有两万个视频，累计30.9亿的播放量。

  随着短视频行业的不断发展，越来越多的用户选择在电脑或者手机上在线观看电影。但影片的首播依然还是放在电影院。电影《囧妈》的这次尝试引发了许多争议。其他春节档电影没有跟进，因撤档而损失大量前期投入成本的电影院纷纷指责《囧妈》制片方破坏了行规。但是，我们可以从中看到短视频营销的惊人能量和巨大潜力。

人人都想赶上短视频营销的风口,取得事业上的突破。可是,如果不能遵循以下三大基本原则,短视频营销就很可能误入歧途,最终颗粒无收。

1. 营销内容原生化

短视频的内容比较碎片化,制作成本也较低,但这并不是其最核心的特征。与传统的广告营销相比,短视频营销不属于直接以展示产品为中心的硬广告,也与较为生硬的植入式软广告有所不同。它不以贴片的方式展示营销信息,具有内容原生化的特征。

所谓内容原生化,就是内容走原创路线,更贴近生活本身而不完全围绕产品。其创意可以是一个生活片段、一种生活现象、一个剧情故事,内容和形式灵活多变。总之,短视频的原创内容不是广告,却又能够在不经意间以自然得体的方式把营销信息传达给用户。这正是短视频营销的独到之处。

用户之所以越来越不喜欢传统的广告营销方式,就是因为一眼便能看出它是广告。用户排斥的不是营销信息,而是赤裸裸的广告。短视频实现了营销内容原生化,把这些信息变成了背景的一部分,用跳出广告的形式减少了用户对广告的排斥。用户在观看自己感兴趣的短视频内容时,会潜移默化地接受其中包含的营销信息。这种润物细无声的传播力量,就是内容原生化带来的效果。

2. 以数据驱动营销

与传统的广告营销相比,短视频营销对大数据技术的利用更为充分,其他形式的新媒体营销手段在这方面都要甘拜下风。这是因为短视频平台采用的推荐算法与其他平台有所不同,它采用的算法更有利于实现以数据驱动的精准营销。

其他互联网平台也有自己的推荐算法。比如，新浪微博经常给用户推荐的某个领域标签的内容。表面上是按照标签划分了垂直领域，对用户进行精准推荐。但实际上，许多用户发现微博系统推荐的垂直领域"大V"并不一定就是自己感兴趣的，有时候反而是自己讨厌的。甚至有些以剽窃原创内容来赚取流量的营销号还会不断获利。而那些没有加"V"的原创内容生产者，却不会得到系统推荐，也得不到足够的保护。毫无疑问，这样的精准推荐名不副实，用户不会感到满意。

短视频不像文字、图画那么容易被其他营销号剽窃发表，这更有利于保护原创作者。而且短视频平台的推荐算法做到了有效分发原创内容，实现了用户"所见即所需"的愿望。无论你是已经成名的头部账号，还是此前默默无闻的"小透明"，只要发布的作品中出现了爆款，就会得到更多的系统推荐，不会被埋没。这使得短视频行业中的新兴红人总是层出不穷，提供的内容也比其他平台更加多元化。

由于短视频营销更好地解决了精准推送的问题，因此能够挖掘用户的真实需求，实现个性化的精准营销。由平台生成的数据能够比较准确地揭示每个短视频作品的受欢迎度，并根据算法来调整推荐量，促使创作者不断围绕反馈的数据来制作符合用户需求的内容。如果没有数据驱动运营，短视频营销就是一个空壳。

3. 无互动，不传播

其他的新媒体营销工具都强调互动，但短视频营销更加遵循"无互动，不传播"的法则。单纯追求曝光率和转化率的营销手段并不适用于短视频行业。短视频营销更讲究主动触达用户，并且借助平台系统的推荐算法给更多用户创造一个展示自我的环境。

短视频的用户既是UGC短视频的生产者，也是其他生产者的粉丝用户。用户在观看他人原创内容的同时，也希望自己成为众人喜爱的内容生产者。短视频平台采用的智能个性化推荐算法比微博、微信更为合理，能够给广大用户相对平等的曝光机会。

短视频平台会根据历史数据把你创作的短视频推荐出去，然后根据首批用户的播放、点赞、评论、分享等互动行为产生的新数据来分析评估推荐效果。如果你的作品在首批用户中没有形成足够的互动，没有产生良好的数据，那么系统就不会再次推荐你的作品。反之，首批用户以行动对你的作品表达了喜爱，大量互动行为产生的数据就会让系统反复推荐你的作品给更多人。

哪怕是人气网红的作品，也一样按照这个推荐算法来操作。短视频创作者只有持续地努力创作和积极互动，才能保持人气不衰。总之，短视频营销看似是一条捷径，实则竞争激烈。运营者需要遵循上述基本原则，不断钻研短视频创作和营销的细节。

专家提示

▶ 相对于传统的社交媒体，短视频平台更重视内容的发布，并采用特殊的智能化个性推荐算法来推送信息。此举打破了信息推送的时间序列和空间限制，让每一位用户都能够直接接收到个性化推荐的内容。这使得短视频的传播方式不同于微博、微信，能给默默无闻的内容生产者更多爆红的潜在机会。

短视频营销的误区,你中招了吗

▶ 短视频资讯

　　2019年2月,一条"某年轻女子因不满车辆被交警贴条,向定兴交警办公区投掷摔炮,后被拘留"的短视频在定兴百姓的朋友圈大量转发。河北省保定市定兴县公安局责成路东派出所对此展开调查。2月3日,办案民警依法将制作短视频的刘某传唤到路东派出所。原来刘某为了在快手上增粉,设计了"不满车辆被交警贴条,到交警大队投掷摔炮,后被拘留"等虚假情节,并拍摄了一条短视频,通过自己的快手账号在网上大量传播。她还到定兴公安交警大队向民警办公区投掷摔炮,抢拍视频成功后迅速离开现场。最终,刘某因寻衅滋事被依法行政拘留。

　　任何事物都具有两面性。短视频行业在最初的野蛮生长阶段,存在一些不良现象。许多运营者为了快速增粉而不择手段,比如案例中的刘某通过做一些违反法律和社会公德的事情博眼球。

　　这种行为给短视频行业带来了许多乱象。短视频营销的门槛不高,但想要做好、做精也不容易。运营者不仅要舍得投入，认真研究总结，还要注意一些营销误区。方向不对，努力白费。我们要避开下面这些误区，才能一步一步达成长远目标。

1. 忽视用户感受

自媒体短视频运营者此前主要在微信公众号、今日头条、一点资讯等平台上发布内容。这些平台跟抖音、快手等短视频平台的操作界面和运营方法都存在差异。运营者只是一味地照搬过去的经验，未必能取得成功。因为短视频平台用户追求的东西跟其他社交平台用户需要的东西不一样。

短视频运营者只是站在自己的角度去发布内容，并没有真正体会用户的感受，这样就无法创作出令用户喜爱的短视频，营销也就无从谈起了。为此，运营者应该以用户的眼光去看待和体验其他短视频作品呈现出的效果，以寻找用户的痛点和需求。

2. 缺乏与用户的互动

在短视频营销中，与用户的互动是重中之重。通常而言，愿意对你的短视频内容进行评论的都是平台上比较活跃的用户。而且许多网友在看短视频的时候也会顺便查看一下留言区的评论，评论越多，看得越仔细。如果网友看到自己赞同或者反对的观点，也会在留言区里写下自己的看法。这样一来，就进一步增加了互动性。

运营者如果只发视频而不跟用户互动，就会错失提高互动量的机会，也不利于品牌塑造。试想一下，如果你是用户，你喜欢跟一个冷冰冰的发帖机器互动，还是与一个能积极回应的人操作的账号交流？一定要记住，我们跟用户互动越热烈，短视频品牌的人气增长就越快。我们只有从用户中来，到用户中去，才能做好营销工作。

3. 硬蹭热度，弄巧成拙

互联网时代的营销离不开追热点，短视频行业也不例外。蹭热度能让运营者在短时间内获得比平时更多的流量和人气，让更多路人转化为新的粉丝。这个营销技巧人人都在用，但用得好不好，能否产生预期的积极效果，就另当别论了。

短视频营销的一个常见误区就是硬蹭热度。这个"硬"就是生硬。具体说就是，把毫不相干的热点事件当成卖点，在热点事件中以赤裸裸的姿态博眼球。这样会给广大网民带来不适感，从而招来铺天盖地的负面舆论。比如，利用某些名人去世做文章赚流量，会被大众视为"吃人血馒头"的恶行。这样的流量无助于短视频营销，形同饮鸩止渴。所以运营者不能本末倒置，应该围绕自己的品牌和产品特色做文章，抓住与之匹配的热点。

4. 传播渠道太单一

有些新手运营者考虑到自身精力和能力有限，通常只选择一两个主要的短视频平台作为营销战场。这个做法看似很务实，实则大大限制了短视频的传播渠道，降低了原创作品的营销推广力度。

随着市场的发展，新兴的短视频平台只会更多而不会减少。每个短视频平台的用户都有着相对固定的偏好，喜欢用抖音的人可能就不看快手，喜欢看快手的人可能不会主动去接触火山小视频。由此可见，若短视频运营者只在一两个平台上发布内容，其他短视频平台的用户是看不到的。这样就会令运营者错过许多潜在的粉丝流量。

因此，短视频运营者应该在多个平台上设据点，扩大内容的传播范围。

不只是在各个短视频平台，在微信、微博等社交媒体上也要开设账号，形成一个多平台组合的新媒体营销矩阵，最大限度地推广短视频内容。

5. 不关注平台动态

运营者不能只顾自己闭门造车，而对平台动态漠不关心。我们选择的平台和渠道时时刻刻都在发生变化。运营商会定期推出新功能和新政策，组织新的营销活动。其他短视频运营者也会在激烈的市场竞争中绞尽脑汁，不断推出新创意，引领新的大众潮流。假如你对这些平台动态一无所知，又拿什么来跟竞争对手较量呢？

为此，短视频运营者应当随时关注三类平台动态。第一类动态是与自己的账号相关的信息，比如账号发展到了哪个等级，有没有因为什么事情被扣分，发布的短视频有什么反馈数据。第二类动态是平台渠道的官方动态，也就是平台的新版本、新功能、新政策之类的信息。第三类动态是平台组织的官方活动，千万不要在活动快结束时才意识到自己错失了一次绝佳的营销机会。

6. 轻视数据分析的作用

缺乏大数据思维的运营者只是凭感觉和经验做短视频营销。然而，在这个瞬息万变的市场中，个人的主观感觉是靠不住的，现有的成功经验有可能无法再复制新的成功。只有认认真真地分析统计数据，从中找出新的市场发展趋势，才能在短视频营销中占据先机。

为此，运营者不但要经常查询各种短视频APP的运营数据，还要查阅清博、新榜等第三方专业数据平台提供的数据，通过分析数据来评估短视频运营的效果，把握市场的整体动态，不断改进自己的工作，避开新的营销误区。

**专家提示**

"互动""匹配"和"适度"三个关键词是我们在运营中需要特别注意的。互动是一切社交媒体的灵魂,也是短视频营销的生命源泉。只是把精心制作的短视频发出去而不进行互动,人气迟早会降下去。"匹配"和"适度"更不容易做到。这要求运营者能准确分辨哪些热点可以跟,哪些内容在用户的承受范围之内。不经过反复尝试,很难找到这个分寸感。

第二章 玩转短视频的人靠这些方式盈利

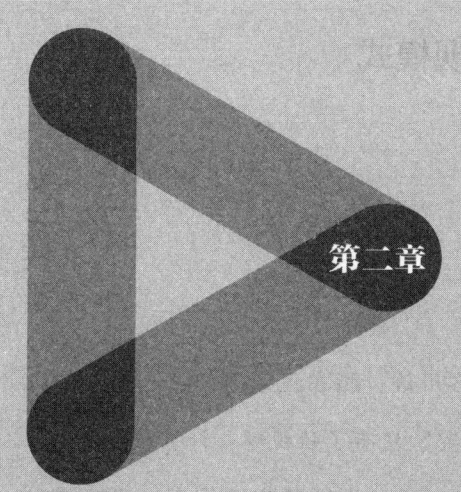

短视频营销的盈利方式多种多样，但归根结底还是依靠流量思维变现。这跟其他的新媒体营销形式殊途同归。做短视频应该坚持"流量为王"还是坚持"内容为王"，这是一个见仁见智的话题。但实际上，短视频之所以能够引爆流量，是因为其传播的内容符合特定用户的消费偏好。这就是短视频运营者能从流量中挖掘出商业价值的基础。在本章，我们将介绍市面上最常见的几种短视频盈利方式。

以粉丝流量为根本的广告变现模式

▶ 短视频资讯

2020年春节期间,B站UP主(网络用语,指在视频网站、论坛、ftp站点上传视频、音频文件的人)"Ele实验室"发布了短视频《计算机仿真程序告诉你为什么现在还没到出门的时候》,对大众进行疫情科普。"Ele实验室"是B站上的科技类UP主,平时主要做计算机编程类视频教程内容,此前仅有3万左右的粉丝。谁知这个短视频播出的第二天,他就在私信里收到了十多个广告合作洽谈意向,以及MCN(Multi-Channel Network,多频道网络)机构的邀约,粉丝也暴涨到了13.8万。

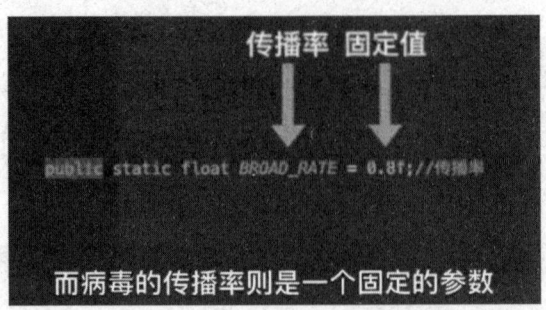

图2-1 "Ele实验室"做的疫情科普短视频

由上述案例可见，一条爆款短视频对创作者的生活会产生多大影响。"Ele实验室"虽然事前没有料到自己做的短视频会突然走红，但那些邀请他合作的商家嗅觉非常敏锐，迅速顺着这条短视频找到了创作者，并发出了商业合作邀约。这就是短视频领域最常见的一种盈利模式——广告变现。

广告变现就是由商家出钱，让短视频创作者向自己的粉丝发布相关的广告作品。这种广告作品一般是短视频创作者自己制作的原创短视频，只是其内容包含了商家希望传播的营销信息。通常而言，这种短视频广告依然会保留创作者的个性风格。

对短视频创作者来说，这是一个能把人气变现为经济收入的好机会。对商家来说，这也是一个以较低成本实现高效率、大范围宣传推广的机会，商家还可以顺势把短视频创作者的粉丝逐步转化为自己产品的忠实用户。

从这个角度来看，广告变现模式是一个合作双赢的盈利模式。但事实上，只有极少数短视频头部账号能获得这样的合作机会，因为广告变现模式的本质是把短视频创作者的粉丝流量变现为经济价值。短视频创作者如果没有足够多的粉丝，就不具备高人气，也就没有能力打响广告了。

为了更好地帮助短视频创作者跟广告主对接，MCN机构应运而生。MCN机构是一种多频道网络的产品形态，将PGC（互联网术语，指专业生产内容）联合起来，在资本的有力支持下，保障内容的持续输出，从而最终实现商业的稳定变现。

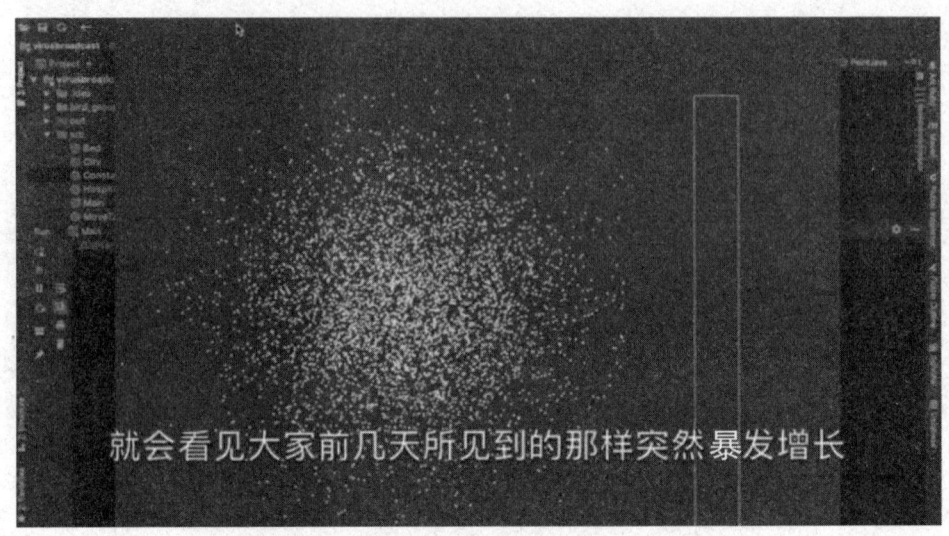

图2-2 "Ele实验室"做的疫情科普短视频

换言之，MCN机构是推动短视频行业开展广告变现业务的一座桥梁。有些短视频创作者拥有的粉丝较少，但发布的内容富有特色，有很大的发展潜力，经过MCN机构的牵线搭桥就能找到广告主进行合作。

广告变现模式可以采用植入企业广告的模式，短视频创作者会提出至少几十万元的报价，跟广告主讨价还价。适合采用广告变现模式的短视频主要有真人测评类、舞蹈类、原创动漫类、本地生活探寻类。比如，美食博主可以通过试吃测评的方式给广告主打广告，由此产生流量，帮助商家导流赚取广告费。

总之，广告变现模式依靠的是粉丝流量赚钱。广告主是通过你的粉丝量来衡量你的价值的。短视频创作者先得想办法积攒足够高的人气，才能接到广告商业合作。而积攒人气恰恰需要的是出色的创意和打动人心的作品。所以，我们与其绞尽脑汁去想着如何增粉，不如回到短视频营销的起点——做好内容。

专家提示

▶ 广告是流量变现最主要的方式。从短视频平台上的精彩推荐到精心制作的短视频宣传片，都是广告的表现形式。如今的用户大多是追求多元化个性消费的"杂食动物"，对创意植入广告的接受度非常高，对硬性植入的广告则比较反感。因为短视频营销本质上是一种内容营销，用户想看到的是创意，而不是赤裸裸的产品推荐。

开启知识付费大门的短视频课程

▶ **短视频资讯**

据快手科技副总裁陈思诺透露，2019年快手平台上粉丝数超过2000的知识创作者有47万人，快手平均每秒钟诞生4条知识内容短视频。据不完全统计，快手平台上已有2000多万条趣味知识类视频，3800多万条生活百科类视频，5900多万条职业技能类视频，100多万条学科教育类视频。快手还联合知乎发布了"快知计划"，打算把由相关学者创立的知识教育类账号邀请过来，深入建设快手知识教育版块。

知识付费是各大短视频平台都在极力开拓的新领域。在平台看来，知识是有价的，不应该完全免费。用户想要获得更深层次、更专业的知识，就应该花钱购买付费课程。这种盈利模式通过流量来变现知识的价值，让具有专业知识的短视频原创内容生产者能够直接从付费课程中赚取收益。

知识付费模式代表着短视频行业走出了早期纯娱乐的运营模式，向各种专业实用知识领域进军。如果你想要朝这个方向发展，就要了解以下几个基本知识。

1. 用户会为什么样的内容花钱

知识分为多个学科和多个层次，每个用户对知识的需求是不一样的。教学、图书、电视节目是传播知识的主要渠道，短视频不可能完全取代这些获取知识的传统途径，但在很多方面却覆盖了其空白，扩大了知识传播的范围。从这个意义上来说，知识付费满足了大众日益增长的求知欲。当然，并非所有的知识都值得用户花钱。

互联网上有大量免费的知识。只要用户能搜到免费的，自然不愿再为之付费。这对知识付费提出了严峻的挑战，拉高了这个行业的入门资格。只有用户无法免费得到却又必须得到的知识，才能成为知识付费的产品。

简单说，用户愿意付费的知识必须是"有用"的知识。"有用"就是能够帮助他们解决问题，比如提升个人技能、开阔视野、完成某项任务、克服某种障碍等。在"有用"的基础上还要具备"排他性"，也就是这些内容只能从你这里买到，从别的内容供应者那里得不到。想要成为知识付费课程的运营者，就必须生产符合这两个条件的知识产品。

2. 知识付费的主要模式

迄今为止，知识付费主要采用两种模式。一种是会员制，即成为平台的VIP（贵宾）会员，获得免费观看某类知识付费课程的权限。另一种则是开通特定内容的付费课程，让所有用户（包括VIP会员）都只能花钱购买，最多在特定的营销活动中推出优惠折扣。

这两种知识付费的模式都得到了广泛应用。前者利于短视频平台获得更多收益，后者对付费课程的提供者更为有利。当用户对付费内容的需求量较大且内容涉及范围较广时,用户会倾向于前一种模式。当用户只是希望获取相对单一的特定内容时,则用户更加倾向于后一种模式。

3. 如何打造知识付费课程

打造知识付费课程不是肚子里有干货就能做好的。你还得想办法把自己掌握的有用且有排他性的知识,用恰当的方式在短视频中展示出来。要知道,购买知识付费课程的用户往往是利用碎片时间来听课,很少会保持45分钟以上的集中精力状态。这就要求付费课程既要有干货,又不能太枯燥。

付费课程展示知识的形式要生动活泼,节奏流畅,信息量不能太多也不能太少。太多会让用户学起来吃力,容易感到厌烦。太少则会让用户觉得白花钱,下次就不会再购买了。具体怎么做,得结合具体的内容反复尝试,才能找到最合适的解决办法。

除了知识付费课程外,短视频运营者还应该注意保留一些免费的信息服务。这有利于加强运营者与用户之间的互动,建立信任关系,增加用户黏度。

专家提示

▶ 知识付费的盈利模式更适合用在垂直类短视频领域。知识付费类短视频提供的知识通常比较专业。但其内容又不同于学术讲座,往往具有趣味性、互动性。有的会做成一个比较完整的体系,有的则比较零散,但一般不是深阅读产品。因为知识付费的目标用户是那些想获取相关基础知识却又只能利用碎片时间学习的人。

短视频企业号,用引流实现一键卖货

▶ 短视频资讯

2019年,中国银联正式推出微电影短片《大唐漠北的最后一次转账》。这部短片一经推出就成了各大社交平台上的热门话题。微博影视评论达人"斯库里"发微博说:"一个广告看得我热泪盈眶、热血沸腾,这条片子是神作!但被'大唐漠北的最后一次转账'这个名字给毁了啊!然后分类还分在'搞笑'这个标签下面,这片子什么地方搞笑了?俩人互相报名然后杀敌那段,看得

图2-3 中国银联广告片《大唐漠北的最后一次转账》

我哭死好吧！以后这种广告多拍点！！""冷兵器研究所"等军事历史类公众号为此做了好几期与短片故事背景有关的唐代战争主题文章。

平心而论，《大唐漠北的最后一次转账》是一个不像广告的企业宣传片。这部短片讲述了一个发生在唐朝的关于使命与信仰的故事，即一名唐军老兵胁迫一个逃兵跟自己一起把军费送到被困多年的孤城。俩人路上历经千辛万苦，老兵壮烈牺牲，幸存的逃兵大受感动，分文不差地完成了这项任务。如果没看到最后，你都不知道中国银联是在为自家的"云闪付"打广告，宣传自己的企业文化。

图2-4　中国银联云闪付广告片

除了《大唐漠北的最后一次转账》，中国银联还在2019年底推出宣传12月12日银联全民回报节的系列广告短片《处处都有回报》《人人有回报》《付出一定有回报》，收获了一大波流量。它们采用的不是微电影的形式，而是伪装成一个大片的宣传片。导演是"中国银联"，领衔主演是"云闪付"和"银联手机闪付",特别出演是"百万超值爆品",联合制作是"40万优惠商户"。观众刚开始以为是一个春节档的大电影,定睛一看其实是个广告短片,不禁拍案叫绝。

图2-5　中国银联全民回报节广告短片

诸如此类的创意短片能够很好地引爆流量,带动企业的销售。如今,越来越多的企业像中国银联一样意识到了短视频营销的力量,纷纷推出自己的企业短视频宣传片,同时跟各大短视频平台展开合作,注册短视频企业号。

比如,抖音企业认证就是针对企业诉求而提供的宣传渠道,一个"内容+营销"平台。抖音企业认证为企业提供免费的短视频内容分发和商业营销服务,大大拓宽了企业在新媒体领域的营销力度。

到目前为止,企业号蓝V主要分为两种。一种是由企业组织认证的短视频企业号,适合那些在抖音上发布企业品牌短视频的企业用户。另一种是机构号,跟企业号的外观形态很接近。假如你是企业的宣传部门中的一员,就可以通过注册企业号来占据抖音这个短视频营销阵地，借助这个平台用引流实现一键卖货。

抖音用户的每日平均使用时长达到了65分钟，日活量上亿，具有很大的流量。而且60%~70%的抖音短视频用户为"95后"和"00后"。这些热衷个性化消费的群体将在未来成为最重要的消费主力军。如果企业能够在抖音上通过短视频提高品牌曝光率，把以年轻人为主体的粉丝凝聚成品牌粉丝，那么就将获得可观的盈利增长潜力。

总之，短视频企业号为企业提供了一个成本极低的内容分发和产品销售服务，可以用很少的资金投入取得很大的营销效果。这对于那些宣传广告预算不多的中小企业来说是一个很好的发展壮大机会。任何希望提高市场占有率和品牌影响力的企业，都没有忽视短视频企业号的理由。

 专家提示

▶ 无论是对大企业还是对中小企业，开通自己的官方短视频账号都已经成为一种时髦。但有些企业短视频运营者尚未真正理解"短视频+"这种营销模式的特点，只是把短视频当成一个单向传播企业宣传片的窗口。这就大大浪费了短视频的宣传潜力。短视频营销不是新瓶装老酒，观念的转变跟技术的革新同样重要。

先成为短视频网红，再推出产品

▶ 短视频资讯

2016年初迅速走红的姜逸磊（著名短视频网红"papi酱"）于同年3月获得逻辑思维、真格基金1200万元人民币投资。同年4月21日，在"papi酱"视频贴片广告权的投标会上，丽人丽妆最终以2200万元人民币成功拿下第一届标王。这次投标会也被媒体称为"新媒体史上第一拍"。

"papi酱"是第一个成功变现的短视频网红，刚变现的时候一度涉足电商领域做产品营销。虽然她目前把事业重心放在了经营papitube[①]上，但短视频网红推销产品的商业模式并没有消失。甚至有些短视频网红不是接广告推销别人的商品，而是顺势推出了自己的品牌产品。短视频网红"李子柒"就是这种商业模式的一个成功典范。

"李子柒"于2019年12月2日在自己的微博上发布了一个关于传统手工

[①] "papi酱"与泰洋川禾创始人杨铭成立的MCN机构。

酱油的短视频,并配上了这样的文案:

\#李子柒打酱油\# \#朝花柒拾\#

从一粒黄豆到一滴传统手工酱油。

现如今,这个历经三千年的非物质文化遗产

已经成为我们每个家庭餐桌上少不了的调味品。

柴米油盐酱醋茶,

这才是我们中国人的一日三餐!

图2-6 "李子柒"的传统手工酱油短视频

在这个时长为11分03秒的短视频中,从种黄豆到收获,从手工制作酱油到用酱油做各种菜式,展示的内容十分完整,跟普通的酱油产品广告完不是一个路数。观众可以从中了解传统手工酱油的原料和制作过程，从而对"李子柒"品牌下的产品产生购买欲。这也正是"李子柒"团队创作这个短视频的目的。

"李子柒"品牌的传统手工酱油在酱油行业处于什么水平，是个见仁见智的问题。但是，我们可以看到这条微博下的转发数、评论数、点赞数有多么惊人。转发的人不一定都会买，但会把产品信息扩散出去，吸引更多的人下单。无论"李子柒"的"非遗文化的酱油"品质如何，其流量变现都非常成功。这就是第一梯队短视频网红的产品营销实力。

图2-7 "李子柒"的短视频福利

"李子柒"在用短视频推销产品时，会积极跟网友互动，用一些"视频福利"来激发粉丝的购买欲。比如，在那条传统手工酱油的微博评论中，"李子柒"说："天很冷，想送你们一点有温度的礼物。【视频福利：我会购买一批非遗文化的酱油在转发+留言里抽100位送你们！另外再抽100位小朋友送我的温暖七色豆浆!】希望你们冬天都暖暖的!"

　　仔细观察,就会发现她在所有的短视频下都会发起类似的【转发+留言】抽奖赠送活动,并有新浪微博抽奖平台这个蓝v来帮她推广。操作账号跟网友互动的可能是本人,也可能是团队运营人员。不管怎么样,这种积极的互动和"视频福利"很受粉丝用户的欢迎,是一个值得借鉴的营销方法。

　　总之,先成为短视频网红再推出自己的品牌产品,也是头部账号的一个重要的价值变现模式。这种模式适合那些具有稳定货源或者足够生产能力的短视频运营者。其短视频内容在保持原有个性的基础上,要跟自己的品牌产品无缝对接。像"李子柒"这样把产品生产过程剪辑包装成短视频,对提高品牌形象很有帮助。

 专家提示

▶ 随着中国经济的不断发展,互联网营销渠道正在快速下沉到三四线城市与乡村。这个庞大的潜在市场成了各大互联网运营商的盈利增长点。短视频的崛起大大加速了这个过程。与传统网红相比,短视频平台上的网红更加平民化,也更有生活气息,能为广大用户提供不一样的内容和产品。

直播带货：最重视互动的短视频变现模式

> 短视频资讯

2019年被一些媒体视为直播电商元年。各大平台都把直播卖货纳入自己的营销体系中，并在2019年双十一的直播中大放异彩。淘宝直播在双十一的成交量近200亿，直播间成为天猫双十一商家的标准配置。参与有赞&快手直播购物狂欢节（11月5日至11月6日）的卖家多达数百万，1亿多用户的下单总数超过了5000万。平台总交易额增长400%，平台订单量增长230%，排行榜观看总热度突破了60亿。

直播带货成为2019年各大电商在双十一期间的新玩法。但这种营销方式并不是2019年才产生的，早在2016年直播行业崭露头角时就已经有网红开始尝试直播带货了。2017年10月，淘宝直播一姐"薇娅viya"通过一场长达5个小时的直播创下了带货7000万元的新纪录。

到2019年，除了淘宝、抖音、快手之外，其他各个平台也纷纷采用了直播带货的营销模式。这种营销模式的最大优点是能够直观地向上百万人展示货品，做到了所见即所得。许多很少能得到充分展示的商品，也能在众目睽睽之下验证成色，给消费者更多信心。直播电商平台的带货类目从最开始的服饰、美妆、珠宝、食品逐步扩展到了房、车、芯片等。

直播带货成为短视频营销中冉冉升起的一颗新星。不光是那些已经拥有盛名的电商网红在做直播带货，许多名不见经传的素人也在从事这个领域。后一群体中涌现出了一批新的直播带货网红，其中最具有代表性的就是"口红一哥"李佳琦。

图2-8　李佳琦2020年卖货直播

1992年出生的李佳琦原本是欧莱雅的一名美容顾问，算是时尚美妆专业人士，但那时候他还不是网红。后来美ONE与欧莱雅合作推出了KOL选拔计划，李佳琦抓住了这次机会，成为一名带货主播，绰号"口红一哥"。

李佳琦不仅具有扎实的专业知识,而且非常勤奋。他曾经在2018年的天猫双十一与马云比拼直播卖口红,创下了一个至今无人超越的销售纪录——5分钟卖出15000支口红。他如今的头衔是美ONE签约达人、知名美妆博主、时尚美妆视频自媒体。

图2-9　李佳琦的直播间

除了商家之外,许多明星也纷纷开通直播间,向观众推荐自己代言的品牌产品。甚至还有不少扶贫干部和农村电商,为了推销农产品也采用了直播带货的手段,并取得了一定的成效。从某种意义上说,直播带货在未来将成为万众创业的一个重要途径。但是,这些非专业的主播与李佳琦这样的直播带货达人相比,还存在较大差距。

直播带货实际上也是有门槛的,不是坐在镜头前跟网友说说话就能完成销售。凡是流量巨大的头部KOL带货主播,其背后必定有一个勤奋而优秀的专业团队做后盾,帮主播打造个性人设,控制运营节奏,跟品牌商与供应商打交道。此外,如果没有得到大平台的认可和流量支持,带货主播即使在直播间里连续几个小时展示产品、跟网友互动,也很难带动大众立即下单。

以淘宝直播为例,每天的直播多达数万场,数以万计的主播在带货,他们背后有上千个主播机构在运营。激烈的竞争使得有限的流量位置往往被少数头部网红主播和明星拿去,带货大军中的大多数人无法实现那种惊人的带货业绩。尽管如此,直播带货方兴未艾,是短视频运营者绝对不能忽视的一个重要模式。

 专家提示

▶ 直播带货是现阶段最火爆的短视频变现模式。从某种意义上说,它跟早年的电视直播营销有点儿像,但互联网直播的互动性更强,更能吸引流量,促使更多用户当场下单。各大短视频平台都看中了这块增长潜力巨大的蛋糕,纷纷打造自己的直播频道并网罗直播带货的人才。但直播带货的"头部效应"十分明显,顶尖的主播和一般的主播带货能力相差悬殊。

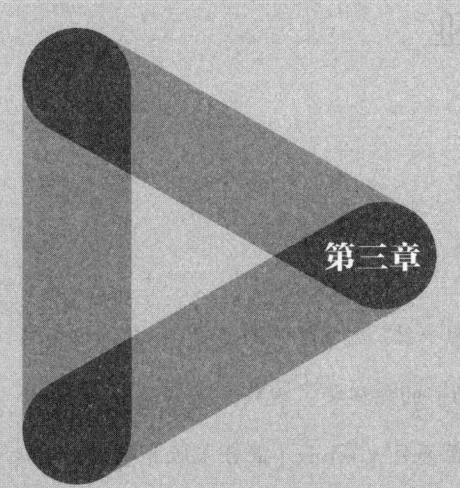

第三章 创意营销策划 以找准市场定位为先

各大平台上的短视频很多，但有的看似简单随意却异常火爆，有的制作精良却没能变成爆款。这让不少试图用短视频营销拓宽销路的商家不知所措。其实短视频并不是一味地追求劲爆就能博得眼球。一味地模仿爆款，未免有邯郸学步的嫌疑。想让受众真正认可你的短视频，就要先找准市场定位，认清你的短视频是做给什么人看的。做好营销策划，才能把创意和受众的需求充分结合起来，产生积极的效果。

市场定位取决于你选择的行业

▶ 短视频资讯

　　2020年2月19日,美食视频自媒体"密子君"发布了一个名为《5款螺蛳粉混合煮,丧心病狂开箱测评!娘闻愁猫闻怕》的短视频。视频文案写道:"螺蛳粉赛道开始了!第一场初选6款品牌!最后至尊巨无霸mix(混合)版非常成功!#宅家美食pk(对战)赛##教湖北人做菜#。"美食达人密子君在这个视频中将5款螺蛳粉混合在一起煮,并录制了试吃过程。短短2天就获得了393万的播放量。

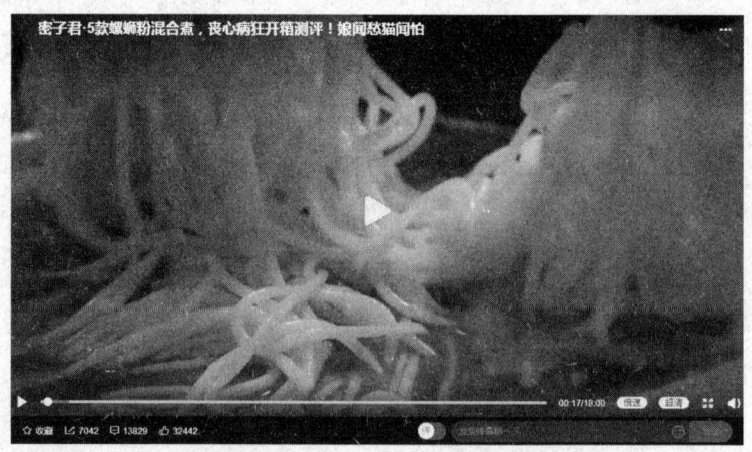

图3-1　"密子君"的短视频

短视频的兴起为各个行业打开了新世界的大门。许多短视频运营者都想借助这股东风获得成功，但其中大多数还是默默无闻，只有少数佼佼者能脱颖而出。纵观所有的短视频头部玩家，无论他们是乡村青年还是大都市白领，都对自己有着明确的市场定位。毫不夸张地说，没找准市场定位，是短视频运营者失败的首要原因。

为了避免失败，我们应该遵循以下原则找准市场定位，让自己的短视频品牌自诞生就具备清晰的标识。

1. 根据自身特点选择市场定位

无论做什么事，都应该扬己之长而避己之短。做短视频市场定位也是如此。那些行业内最火爆的网红无不是最大限度地发挥了自己的特点。因此，做市场定位时应该考虑以下三个方面。

- 你在哪些领域具备特长？
- 你身上有哪些吸引人的闪光点？
- 你对哪些东西抱有浓厚的兴趣？

我们不建议你做自己不擅长的领域。那样不仅费时费力难出成果，还会让你在挫折中丧失信心。一定要做自己擅长的领域。比如，美食短视频达人要么有精湛的厨艺，要么有美食鉴赏家的品位，这些都是他们的强项，容易出成果。

短视频创作者只有具有某些吸引人的闪光点，才会更容易吸引观众。这个闪光点可以是你的幽默细胞或者艺术细胞，也可以是你性格中的亮点。若没有闪光点，短视频就只能流于平庸。

兴趣是最好的老师，也是让你坚持下去的根本动力。把特长和兴趣结合在一起，你才能持续输出有质量的内容。当然，很多情况下，市场迫切需要的是你最擅长的东西，而你最感兴趣的东西未必受市场欢迎。这时你就要根据自己的情况有所侧重，看看做市场定位时是以发扬特长为重，还是以个人兴趣为重。

2. 制作与行业属性匹配的内容

不少短视频运营者开始只是自娱自乐，在爆红后就会接到商业合作邀请。面对这种情况，我们要注意选择跟自身属性匹配度更高的行业，在制作短视频时要注意结合相关行业的特色和产品的具体推广要求。

根据产品行业属性来制作短视频内容，是短视频营销的核心特征。运营者要对目标用户的需求进行精准定位，在短视频中用自然的表达方式切入品牌、产品广告，从而获得用户的认可，促使其下单消费。

如果是推销农产品，则可以考虑录制农产品加工流程或者现场做菜试吃之类的短视频。推销服装、首饰、口红的短视频，可以向观众传授一些服装搭配技巧、化妆技巧等内容。这有利于充分展示产品的特点，让更多观看短视频的人对产品产生兴趣。

3. 根据可行性来确定创业突破口

上述两个市场定位思路，可以初步确定短视频运营者的努力大方向。明确大方向还不够，必须找到这个市场定位的创业突破口。否则你只能看到目标市场的蛋糕份额，却吃不到。

此时，可行性就是短视频运营者做出决策的主要考虑因素。你要估算你当前拥有的力量、资源、渠道和经验，以及你能借助的力量、资源、渠道和经验。这就是你当前能做到的极限,你的创业突破口往往就在其中。把你能做的地方先做起来,循序渐进地发展,一点一滴地改进短视频的策划和制作水平。

专家提示

- 对于自媒体短视频运营者来说,特长、兴趣、产品行业属性三个标准结合起来才能找到比较合适的市场定位。当特长和兴趣不一致时,可根据自身发展需要来侧重某一个标准。对于企业短视频运营者而言,产品行业属性是最根本的选择标准,其次是特长,兴趣的重要性排第三。
- 不同类型的短视频,在制作过程、内容表现力度和传播效果等方面存在差异。选择制作哪种类型的短视频,具体得看运营者的营销目标和需要。没有最好的,只有更适合的。

你的短视频是做给谁看的

▶ 短视频资讯

　　根据卡思数据的统计，2019年1至10月，快手增粉最快的500个KOL主要是剧情、美食、游戏、音乐、美妆类KOL。在增粉最快的前10名红人中，美食博主"浪胃仙"、游戏博主"AG超玩会王者梦泪"、汽车博主"懂车侦探"等进入了年增粉超过1000万的行列。由此可见，快手短视频的内容生态从娱乐走向多元化，各种用户群体对内容的消费需求在增加。

　　短视频市场如此广阔，足够无数运营者投身其中，干一番自己的事业。但是，全国数十亿消费者的需求存在明显差异，想要面面俱到地全方位撒网，结果可能连一条鱼都捞不到。聪明的渔夫不贪求整个大海，会选择某片水域做自己的渔场。同样，聪明的短视频运营者不会贪求整个市场，而是会选择某个细分市场，精耕细作地开发细分市场下的目标用户群体。

　　你的短视频究竟是做给谁看的？这个问题值得每一位短视频运营者认真思考。我们先确定自己要开发的目标用户群体，为其制作用户画像，分析其需求，让营销策划建立在可靠的基础上。

1. 建立用户画像

用户画像指的是从一系列用户数据中提炼出来的用户模型。用户画像可以比较准确地揭示某个用户群体的总体特征和消费规律，能够反映出一个细分市场的动态。短视频运营者通过构建用户画像，可以提高对市场的认识深度。用户数据可以分为静态数据和动态数据，具体细目如下。

（1）用户的静态数据

- 性别。
- 年龄。
- 地域。
- 学历。
- 职业。
- 婚姻状况。
- 家庭成员。
- 消费等级。
- 消费周期。

（2）用户的动态数据

- 浏览什么内容。
- 搜索什么内容。
- 发表什么内容。

- 评论什么内容。
- 点赞什么内容。
- 接触哪些产品信息。
- 关注哪些网络红人或者品牌营销号。
- 参与哪些活动。

静态数据一般通过查阅用户注册信息或者进行用户问卷调查就能弄清楚。动态数据则比较难搜集，因为用户在不同时期的消费偏好和消费能力往往会产生变化。这就需要我们长期跟踪用户在平台上的各种活动数据。

通过搜集整理用户的静态数据和动态数据，运营者可以分析出用户的消费偏好与行为模式，并在此基础上构建用户画像。用户画像要涵盖用户的基本属性、消费能力、行为特征、兴趣爱好、心理特点、常用的网络平台等信息。

2. 分析用户需求

同一条视频，观看的人不一样，感受也不一样。比如，有些教做菜的实用类短视频，有些用户是真心想学两招来提升自己的烹饪水平，但更多用户只是为了欣赏大厨做菜时行云流水的手法，在打发时间的同时刺激自己的食欲（看饿了）。也就是说，用户观看短视频的需求是多种多样的。短视频运营者在做营销策划之前应该认真思考用户群体的主要需求是什么，如何才能满足这种需求。为了实现这个目的，我们要在用户画像的基础上进一步分析用户需求。

用户需求包括基本需求、痛点需求、兴奋需求等。基本需求一般是短视频制作质量的基本要求，即短视频是否达到基本的完成度，能把想表达的东西讲清楚并且能让人看下去。痛点需求是用户希望在观看短视频时能被戳中其在工作、生活中遇到的某个痛点的心理需求。兴奋需求是用户在观看短视频时收获的意外惊喜。三者的重要性依次递减,若能全部做到位,你的短视频将获得更多的竞争优势。

3. 以内部测评和用户访谈检验策划效果

有了用户画像和用户需求模型,我们做短视频营销策划时就能准确地按照用户的需求和喜好来制作内容了。但为了确保我们的短视频营销能符合用户的需求,还要借助内部测评和用户访谈来收集反馈信息,检验营销策划是否科学合理。

内部测评即团队内部成员对初步完成的短视频作品发表自己的看法。在把作品正式上传到平台上之前,一定要先做内部测评,根据全体成员的反馈意见来修改完善,确保上传的作品没有问题。

用户访谈则是在短视频公开发布后完成。运营者在留言区观看用户评论,与他们互动。找到那些提建议十分具体且有见地的用户,与之进行深入交谈,询问他们对短视频的意见以及改进建议。注意用户访谈时的态度要谦虚、语气要温和,给这些用户留下一个好印象,以便与他们建立长期合作关系。

专家提示

▶ 用户画像分析就是把用户的特点标签化、体系化。每个人都有多面性,简单的标签不足以反映一个人的全貌。但用户画像中的标签是根据用户的行为特征提炼出来的,能够比较准确地反映该群体在行为上的共性,能够为营销决策提供有用的参考依据。

不关注垂直领域的短视频不会火

▶ 短视频资讯

　　卡思数据表明:"截至2019年底,'垂直+剧情/情感'类内容在某些内容赛道实际上已相当拥挤,且内容同质化严重。在少量KOL高速增粉的同时,绝大多数账号已出现掉粉或增粉疲软的状态。相反的是,'精''专'类达人却在增粉道路上表现出无往不利。"比如,2019年12月,增粉最快的美妆短视频达人"仙姆SamChak"自带彩妆"专家"的人设,就有很大的增粉潜力。

图3-2　"仙姆SamChak"的美妆课堂

"仙姆SamChak"的成功在很大程度上是因为他抓准了垂直领域。时尚美妆领域是短视频的一大热门，美妆博主不计其数。但"仙姆SamChak"以彩妆师的人设开辟了更细分的垂直领域。他通过系列短视频《仙姆的课堂》分享了许多关于彩妆专业的知识，还把自己的粉丝称为"仙贝"，于是很快成为彩妆这个垂直领域的头部账号。

从短视频行业的发展历程来看，不在垂直领域深耕细作的短视频运营者是很难火起来的。如果什么视频火就跟风做什么，那么最后什么流量都赚不到。短视频行业确实比传统行业更容易走红和快速变现，但做短视频营销还是得脚踏实地。我们可以通过三步走的方法来开拓自己所选择的垂直领域。

1. 在垂直领域深挖细节

用户也许是被某些流传广泛的搞笑娱乐短视频带入这个领域的。但是，最终能让他们养成观看短视频习惯的，往往不是简单的娱乐内容，而是更专更精的垂直领域内容。因为只有在某个垂直领域不断深入挖掘，提高内容的含金量，才能建立起竞争优势。

我们要明确一点，无论哪个垂直领域都已经有很多人在开发，但是每个领域都还有许多潜在的空白尚未填补，还有无数潜在的用户需求没有被满足。所以运营者要顺着垂直领域不断深挖细节，找出被人们忽略的细节，激发新的创意。

创意往往是大同小异的，但恰恰是那个"小异"能给用户带来不一样的新鲜感。我们挖掘出来的"小异"越多，用户对我们的认同度就越高。只要坚持积累下去，我们的短视频品牌就能在垂直领域占据一席之地，成为新的风向标。

2. 突破创意策划瓶颈

你锁定了某个垂直领域，也推出了一系列脍炙人口的作品，形成了自己的特色。但随着时间的推移，你会发现新作品的播放量增长速度放慢了，老粉丝们也渐渐出现了审美疲劳，对你的新作品给出的负面评价也增多了。

其实，每个短视频运营者在经历了起初的成功之后，都会逐渐进入瓶颈期。抱残守缺意味着你将被其他更有想法的新兴创作者淘汰。用户的审美和需求绝非一成不变，我们要设法突破创意策划瓶颈期，满足用户的新需求。创新应用场景法可以帮助我们达成目标。

短视频的内容场景有大小之分，若干个小场景共同构成了大场景。大场景代表着短视频内容的基调，统领着我们要表达的主题。而小场景就是主题之下的各个细节，短视频中的闪光点主要体现在小场景中。换言之，我们遭遇的瓶颈往往出现在小场景上。为此，我们可以重新设计小场景的细节，精雕细琢，让用户产生新鲜感。

3. 在内容中融入情感和价值观

每个短视频都是创作者的表达工具，传递着自己的情感和价值观。当创作者的情感和价值观跟用户相一致时，用户就会为之转发、评论、点赞。想要在垂直领域经久不衰，就得在短视频作品中融入能够打动目标用户的情感和价值观。这样才能启发他们的思考，引起他们的共鸣。

为此，我们在做短视频创意策划时，应注意短视频内容在剧情安排上要合理，形式要生动有趣，情感要贴近生活，价值观要有一定的深度和广度。立意高远、思想深刻且饱含真情实感的内容，在垂直领域总是能大放光彩。但能否做出这样的内容，就看每个短视频运营者的能力了。

▶ 人们的注意力和时间都趋于碎片化，久而久之，关注的信息类型和获取信息的渠道也会变得越来越集中。社交平台上的信息也因此越来越重视垂直领域建设，尽可能地把同类信息聚焦在同一个垂直领域，以提高信息的传播效率。针对垂直领域开发的短视频更容易形成稳定的垂直社群。

确定大众当前最感兴趣的内容方向

▶ 短视频资讯

　　2018年6月21日，环球网发布了一篇名为《美食作家王刚：一个非典型美食红人的爆款炼成记》的特稿，讲述了美食短视频网红王刚的奋斗经历。与许多美食达人不同，厨师王刚并没有把做饭拍成"一件享受且小资的事

图3-3　厨师王刚教红烧鲤鱼做法

情",反而向大众展示了真正的中餐后厨模样。起初有不少美食博主及其粉丝觉得"美食作家王刚"的短视频很土,但王刚还是凭借着过硬的厨艺和朴实无华的干货分享赢得了大量粉丝。

短视频营销的本质是内容营销。它的制作门槛比其他形式的内容更低,但也不是随随便便就能成功的。有些人拍了许多搞怪的短视频,但就是火不起来。而另一些人却无心插柳变成了一线网红。这固然是多种主客观因素造成的,但归根结底还是取决于内容是否处于大众感兴趣的范围。纵观整个短视频行业,大众当前最感兴趣的内容有七种类型。如果短视频运营者能选择其中某个方向用滴水穿石的精神努力,就有希望打拼出一条属于自己的道路。

1. 以颜值为卖点的内容

秀丽如画的美景、色香味俱全的美食、精美的艺术品,都属于"颜值控"喜欢的内容。看着这些秀色可餐的事物,短视频用户会感到心情大好,甚至愿意为此消费。

制作以颜值为卖点的内容关键在于一定要保持高颜值,让大家一看就感到赏心悦目,大饱眼福。为此,短视频运营者需要提高自己的审美,多学一些美术知识,增加文艺细胞。不仅要把生活中一切美好的事物提炼到短视频中,还要尽可能地以最养眼的方式来展示它。

2. 正能量内容

正能量内容指的是那些能激励人们奋发向上、热爱生活的内容。比如,见义勇为的义举、突出重围的壮举、锲而不舍的坚持、无惧挑战的勇气、精忠报国的赤诚、救死扶伤的仁心、举手之劳的善意等，都属于正能量内容。

发布正能量内容的视频通常比较受欢迎，因为人们很容易被这些代表着人间美好品质的内容感动。此类内容能振奋士气、激励人心，让大家从迷茫和挫败感中重整旗鼓。从这个意义上说，正能量内容是刚需，即使是以其他领域为主攻方向的短视频运营者多少也要以此为标准。

3. 具有萌属性的内容

在互联网文化中，萌属性意味着可爱、治愈，能给人们带来极佳的心灵体验。所以，以宠物为主题的萌宠博主在短视频行业占据了一席之地。萌宠博主给大家分享高颜值的猫、狗、鸟、仓鼠等宠物，将其萌的一面展现出来。即使不养宠物的网友，也喜欢"云吸猫""云撸狗"。故而带有萌属性的短视频内容往往会打破行业领域的限制，产生很高的流量。

除了萌宠之外，有的父母喜欢上传自家萌娃的短视频，赢得众网友的青睐。有些网友则以萌萌的玩偶为短视频主角，配上生动的故事和风趣的背景音乐，用这种方式吸引更多人购买这些萌玩偶。这些都是萌属性带来的视频红利。

4. 令人暖心的情感内容

想要打造爆款内容，就要认真研究人之情感。人是社会动物，有通过社交来建立情感联系、寻找归属感的本能需求。所以，但凡涉及人间真情的内容，总能打动人们心中柔软之处。至死不渝的爱情、血浓于水的亲情、荣辱与共的友情，都是很好的短视频题材。

令人暖心的情感内容，以"爱"为核心。无论你的短视频讲述的是哪一种情感，都要记住一句话："不精不诚，不能动人。"运营者在挑选感人的事件和场景时,要带着一颗真诚的心去创作。如果自己都不相信自己创作的内容,那么就不可能做出打动众人的好作品。

5. 展示非凡技艺的内容

喜欢在抖音、快手看短视频的网友常常感叹"高手在民间"。短视频给了许多默默无闻的普通人一个展示自我的机会。比如,不少厨师通过短视频展示了自己精湛的刀功,把做菜过程变成了一门视觉艺术,让观众看得过瘾。有些手工艺人也借此露了一手绝活,让观众们看到了超出想象的非凡技艺和创意。

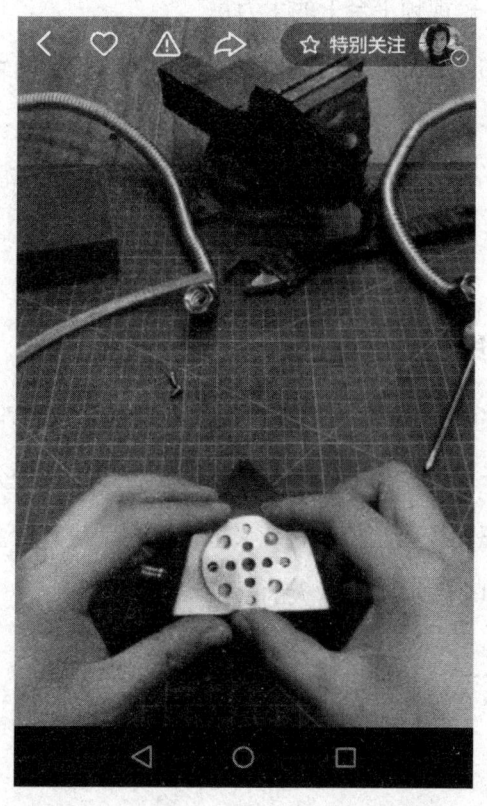

图3-4　手工DIY(Do It Yourself)

此类短视频由于内容很有技术含量，大家在日常生活中很少有机会看到，故而往往能赢得很高的人气。但这也提高了运营门槛。只有专业人士才能做好这种类型的短视频，一般人跟风只能落得东施效颦的效果。

6. 幽默搞笑的内容

最先在短视频平台上火起来的内容，是各种恶搞和搞笑的短视频。此类短视频的拍摄制作门槛较低，人们用手机随手拍摄生活中遇到的趣味场景就能实现。如果能再加入一点稀奇古怪的无厘头创意，效果就更佳了。当然，也有的创作团队会投入更多的资源来精心制作短视频喜剧。这些不同层次的幽默搞笑内容，是短视频平台上的主力军。

人们在无聊和闲暇时需要打发时间，所以幽默搞笑内容才能大行其道。它可以是笑话段子，可以是搞笑图片或者场景，还可以是一个喜剧故事。它不需要太多深度，重点是要让人发笑。如果运营者无法戳中大众的笑点，那么就会让大众觉得很无趣。

7. 实用类干货内容

如果说前面的六类内容侧重欣赏价值，那么实用类干货内容则更侧重应用价值。相当于用来欣赏的短视频，这类短视频给用户分享的是一些有用的、有价值的知识和技巧。从某种意义上讲，它是最有含金量的内容。在今后的短视频营销中会占据越来越大的比重。

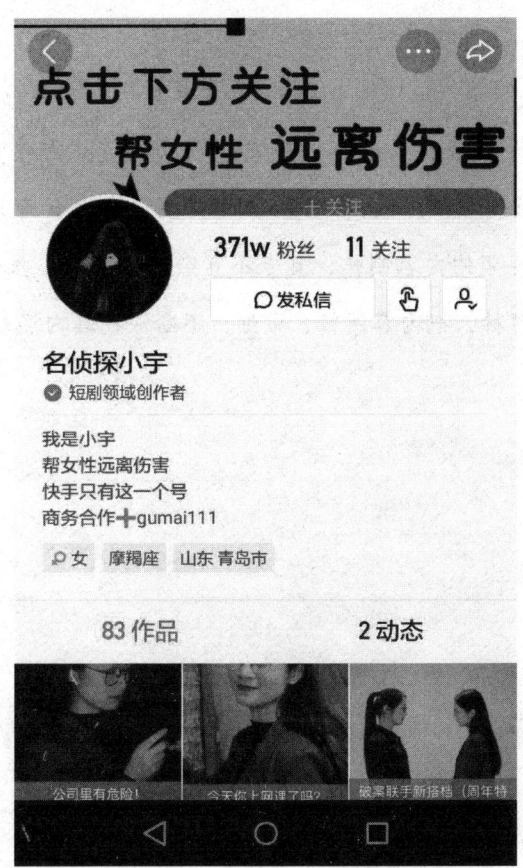

图3-5 帮女性远离伤害的名侦探小宇

实用类干货内容可以分为两大分支，一种是知识性内容，另一种是操作技巧性内容。知识性内容讲述的是各行各业各个领域的专业知识；操作技巧性内容展示的是各种实用的操作技巧。两者对用户来说都是"有用的东西"。开发此类内容的短视频运营者需要具备扎实的专业功底，若是没有拿得出手的干货，就不可能被大众认可。

► 尽管大众更多是以浅阅读的方式接受信息,但同时又对信息内容要求很高,口味很挑剔。所有的内容营销者都要设法在大众感兴趣的话题上发力。但是,短视频的内容制作,宜专不宜杂。运营者应当专注于某个垂直领域的某一个题材,把内容做精、做细,不断深挖其内涵和拓展其外延。

明确自己的人设，建立专属短视频品牌

▶ 短视频资讯

2019年12月9日，"共青团中央"在新浪微博上发表了一篇名为《因为李子柒，数百万外国人爱上中国》的头条文章。文章开头写道："一个中国传统美食博主，在某境外视频平台被700多万人关注，数千万人喜欢，美国人、俄罗斯人、澳大利亚人、越南人、意大利人、伊拉克人……因此爱上中国。"主人公"李子柒"在短视频行业有着极高的人气。虽然有人认为她展现的并非原生态的乡村生活，而是经过美化的田园牧歌意向，但"李子柒"的文化品牌已经牢牢占据了国内短视频行业的头部位置，并且不断输出海外。

自从"papi酱"凭借短视频快速爆红之后，大量资本涌入短视频领域。许多团队纷纷推出自己的短视频作品。经过市场的大浪淘沙，只有那些自身个性鲜明的短视频品牌才能脱颖而出。"李子柒"的崛起与这股潮流是分不开的。

她作为农村出身的美食博主，并没有像其他许多短视频运营者那样直接呈现农村生活的原貌，而是在此基础上塑造出一个田园仙女的人设。这引发

了都市网民对田园牧歌的美好想象。他们并不是真想去乡村，而是想要一个陶渊明式的隐士情怀来慰藉心灵。"李子柒"的人设满足了这种市场需求，故而成为该领域的头号短视频品牌。虽然也有人说"李子柒"品牌下的美食味道很一般，但品牌效应还是让这些产品大受欢迎。

由此可见，短视频运营者必须根据自己的市场定位来打造自己的人设。这样才能获得目标用户的认可，为短视频营销打下良好的基础。为了做到这点，运营者要注意三个人设塑造技巧，以免找错自己在市场中的生存策略。

1. 勿要盲目跟风

有些运营者看到短视频品牌风生水起，就觉得可以复制别人的成功，于是一脚踏上了"不归路"……并不是说不能做相同题材的作品，而是不能连人设都盲目跟风照搬。人家是能引领潮流的弄潮儿，而你只是随波逐流者。

短视频行业的受众呈现出多元化格局。每个用户群体的偏好大相径庭，不一定都喜欢同一类网红。哪怕是行业中的头部账号，也不可能受所有人欢迎。既然如此，短视频运营者在确立人设时就不要随波逐流地去讨好别人的粉丝，而是要找到自己服务的市场受众，根据他们的偏好来塑造人设。

因此，我们在塑造短视频人设品牌时，要根据团队、市场、发布平台属性和自身能力特点等因素来综合考虑。不要羡慕别人的市场基本盘，而是立足于经营自己的市场基本盘。

2. 不与头部账号争高低

短视频的细分领域都已经出现了一些影响力很大的头部账号。比如，幽默搞笑领域的"papi酱""陈翔六点半"等，美食领域的"李子柒""美食作家王刚"等，还有口红一哥李佳琦和淘宝直播第一主播薇娅。他们都已经形成了品牌，且有优秀的团队、成熟的商业模式和稳定而强大的合作渠道。其他短视频运营者无论怎么模仿，都很难超越。

短视频行业的头部效应非常明显，但这种头部账号都是靠着自己的垂直领域做营销，很难攻入其他的垂直领域。这又给广大短视频运营者开辟了其他细分垂直市场的天地。以美食领域为例，新浪微博短视频把美食领域划分为"真香吃播""烹饪教程""美食侦探""评测种草"四个细分领域。有的观众喜欢看直播吃饭，有的喜欢学习做菜，有的想知道世界上还有哪些自己没吃过的美食，有些想了解各个人气餐馆是否货真价实。这些不同的需求催生了不同的细分市场。我们可以根据自己的长处和兴趣来选择自己的人设，不跟头部账号所在的领域撞车。

3. 保持内容的独特性

简单说就是，你创作的短视频要采取不一样的表达方式。同样是踢足球，不同国家的球队有着截然不同的踢法。短视频内容也是如此，你讲的故事不会超出那些基本套路，但通过不一样的表达方式，大家会把你的作品跟其他的作品区分开来，记住你的品牌人设。你的品牌识别度越高，短视频营销的效果就越好。

我们一定要注意品牌人设崩塌的隐患。当你的人设崩塌时，大众就会对你嗤之以鼻，一夜之间让你陷入泥潭。为此，我们在塑造短视频品牌人设的时候，一定要注意不能触碰雷区，不要言过其实，而是保持一种谦虚真诚的态度，避免任何会被粉丝视为"吃相难看"的行为。总之，一切都是为了保护好你的品牌形象，让你能在激烈的市场中长久发展。

 **专家提示**

许多爆款短视频的创作者最开始只是自娱自乐，没想过跟风市场热点，结果因为鲜明的个性特色脱颖而出。这些人的走红正是因为他们具有难以模仿的特色，让其他跟风模仿者相形见绌。但是，他们在后续运营中能否继续保持作品的个性，会不会渐渐变成重视流量而忽视质量的浮躁之人，都是需要警惕的问题。

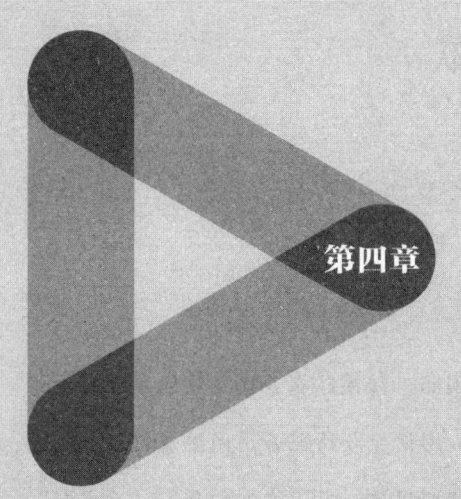

第四章 如何生产有灵魂、有干货的内容

短视频营销的本质是内容营销。没有好内容，传播就无从谈起。什么是好内容？简单说就是有"网感"的内容。有"网感"的内容通常具备个性、趣味性、新鲜性和知识性等特征。至少要有一种特征，才能吸引人去看短视频。如果样样俱全，就是有灵魂的、能引起广泛的社会反响的好内容。制作好内容不容易，从最初的创意灵感到最终的视频呈现，每一步都有讲究。

如何组建一支短视频创作团队

▶ 短视频资讯

"淮秀帮"是国内著名的创意配音团队。该团队在2010年改编了《新白娘子传奇》等影视剧中的经典桥段,以酷似影视原音的配音用网络流行语调侃时下热点。从那以后,"淮秀帮"的配音视频风靡一时,在2013年,"淮秀帮"

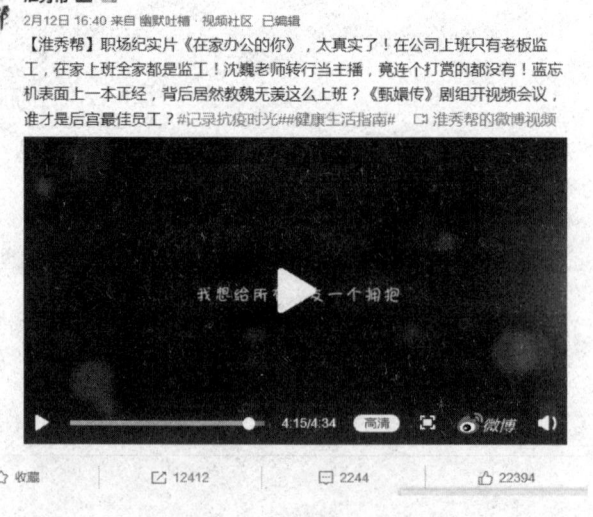

图4-1 "淮秀帮"《在家办公的你》

被媒体誉为"华人网络界第一支形成规模的创意配音团队"。2020年2月12日，淮秀帮发布了短视频作品《在家办公的你》，以轻松幽默的口吻调侃了疫情期间在家办公的职场人士的日常生活。同月，淮秀帮参与了湖南卫视《声临其境》节目的微直播，广受观众好评。

短视频营销涉及多项不同的技能，随着品牌人气的不断提高，团队化运营是必然的结果。每一位短视频运营者都应该学点儿团队建设知识，否则无法在这条路上走得更远。

1. 根据实际工作需要组建团队

要想真正做好短视频内容创作，就得寻找合适的人才。这个道理谁都懂，但做起来就不一定真明白了。我们要围绕短视频的市场定位来制作内容，招募人才也是如此。因为不同的短视频团队对成员的要求也不同，有的人才也许适合做某类短视频，但对另一类短视频则一窍不通。我们必须选择能够满足内容制作需求且认同团队理念的人来组建团队。

短视频团队的工作内容可分为前期准备、内容策划、拍摄、剪辑、发布、运营六大板块。每个板块都需要不同的技能。

前期准备是全体成员共同完成的。内容策划要求工作人员具有较好的创意头脑、文学素养和市场意识，能撰写被称为"短视频作品的灵魂"的脚本。最好选择专业的摄影师拍摄视频，以提高短视频画面的艺术感。

后期剪辑也应该选择专业素养较高的剪辑师，以免辛辛苦苦拍摄出来的好素材毁于后期制作。发布环节无需太高的要求，但运营需要擅长写文案的人、能够跟粉丝联络感情的沟通高手。

2. 优化团队结构

刚开始，大家的经验和技能未必成熟，使得有的板块强、有的板块弱。这些可以通过学习或者外聘有经验的专业人才来解决。接下来，我们要对团队的结构进行优化，合理搭配人员比例，以确保团队的正常运营。

团队成员之间是平等关系，工作商量着办，但必须有一个最终拍板的团队管理者。否则一旦各成员之间出现意见分歧，就谁也说服不了谁了，工作也就无法进展下去。团队管理者要熟悉整个工作流程，能够合理地协调团队成员的分工协作，给每个人安排合适的任务，确保团队整体的正常运转。

根据实践经验，一支规模较小的短视频团队通常有3～5个人。以5人团队为例，可以设置管理者1人、脚本策划1人、摄影师1人、剪辑师1人和运营1人。假如团队中有一专多能的成员，就可以令其身兼数职，不必每个板块都设置专人。但一定要确保每个板块都有"挑大梁"的人。业务量扩大后再根据各板块的需要酌情增加人手。

团队做的是创意工作，应当保持精干的规模，不可变成机构臃肿的庞大组织，这样才有足够的灵活性和高效率去应对瞬息万变的内容营销市场。

3. 明确岗位职责和具体分工

当我们安排好团队成员各自的角色后，最重要的就是明确每个人的岗位职责和具体分工，让所有的成员都知道自己要做什么、怎么做，以及自己所做的工作对其他同伴的工作有什么影响。这是确保大家能心往一处想、力往一处使的有效办法。

假如团队成员的岗位职责和具体分工不明确，就会给团队运营带来麻烦。管理者不能按照基本的规章制度和流程协调工作，给每个人安排的工作量不均，忙的忙，闲的闲，有些事没人管，有些事又谁都能插一脚。长此以往，短视频制作就很难按照相对固定的流程完成，出现各种令人手忙脚乱、心情烦躁的突发情况。团队内部矛盾由此滋生，最终大家分道扬镳，难以继续共事。

因此，我们应该科学地管理团队，注意工作的合理规划与利益的平衡，确保人尽其才、物尽其用，提高工作质量和工作效率。我们还要明确每个人的责任，以免遇到问题时出现人人推诿甩锅的现象。只要坚持做下去，我们的短视频团队就会保持较高的凝聚力和战斗力。

专家提示

> 经过粗放的野蛮生长阶段后，短视频行业正高速朝着专业化、规范化的方向发展。即使一个人的能力再强，也不如团队运营的效率高。任何个人品牌的短视频最终都会朝着团队化运营的方向发展。短视频运营者不仅要保持优质内容的创作能力，还要不断提升自己的团队管理能力，这样才能把短视频事业做得更长久。

创作短视频的基本流程及准备工作

▶ 短视频资讯

2014年，自媒体犹如一株嫩芽，在辽阔的中华大地上落地生根，全国各地迅速涌现出一股自媒体热。众多有识之士纷纷加入到内容创作的大军中，其中就有陈翔。陈翔辞去了电视台的工作，凭借着自己多年以来积累的专业知识，以及对互联网市场的洞察力，执导了一部生活爆笑迷你剧《陈翔六点半》。

在接下来的两年时间内，陈翔找到了应宝林、黄晓飞、何杰、纪文君、歹思齐等人，共同组成了一支专业的团队。他们将许多简单有趣的剧情和段子拍摄成短片，例如学生捉弄老师、美女遭遇诈骗等情节。秉持着高质量而不是高产的原则，他亲自对导演、拍摄、剪辑、后期处理等工作进行把关，对不满意的作品立即删除。虽然不是什么大制作，没有震撼人心的视觉特效，也没有美不胜收的布景，但是接地气的表演依然吸引了无数人，该剧很快就风靡网络，陈翔团队也成为自媒体中的一匹黑马。

值得一提的是，在参演这部迷你剧的演员当中，有一位被网友称作"妹大爷"的老人,他其实是一名国家一级演员,曾经在多部影视剧中参与演出。在《陈翔六点半》中,他频繁爆出金句,凭借精湛的表演,大受年轻观众的喜爱。

图4-2　《陈翔六点半》中的"妹大爷"应宝林

短视频风格不是关键,在准确定位的基础上拍出大众爱看的内容才是关键。接下来,让我们一起了解一下创作短视频的基本流程以及要做的准备工作。

1. 根据创作要求来构思创意

当我们确定了短视频的主题后,如何以最佳方式来呈现这个主题,就成了核心任务。创作团队先要确定自己的风格,找到最适合的表达形式。确定风格之后,制作简单的短视频脚本,以此指导拍摄工作,然后对每个展示镜头反复雕琢,直到形成满意的成品为止。

对市场还不够熟悉的新手短视频团队,可以用头脑风暴碰出多个方案的表现形式,按照每一种表现形式来拍摄一些简单的素材。然后再找身边的人来小范围测评一下，最终确定短视频的拍摄风格和表现形式。那些老练的短视频团队往往是利用大数据来分析同类视频，获得更加精准的反映市场需求的数据，并在此基础上调整短视频的创意。

2. 道具器材的准备工作

在明确了风格、创意和表现形式后，我们接下来要做的就是准备道具器材。首先要选择合适的器材，常用的拍摄器材有手机、家用DV（数字视频）摄像机、业务级摄像机等，这些器材的性能和成本各不相同。我们既要考虑短视频的风格，也要注意控制成本。

以下是常用的准备工作规划。

- 确定拍摄任务量和时间表。
- 确定参与人员，一般拍摄和出镜操作要2~3人。
- 提前1~3天准备好所有的道具器材。
- 选择合适的场地，并提前布好灯光与场景。
- 在正式开拍前遮挡镜头，以免实物入镜。

有些头部网红的短视频团队为了优化拍摄效果，会挑选演技出众或者形象姣好的专业演员，并搭建成本较高的专业摄影棚。至于你的短视频团队要不要这样做，还得根据风格定位与制作成本来综合考虑。

3. 拍摄与后期工作

在拍摄的过程中，最重要的是确保画面清晰、声音清楚，否则就会前功尽弃。摄影师要重视画面构图，抓拍重点。录音的时候要确保音质较好，没有噪声。最好使用专业的收音设备来录音。

短视频制作的最后一道流程是后期剪辑。由剪辑师从前期拍摄出来的一大堆短视频素材中挑选,剪辑出一个内容完整、节奏流畅的成片,再配上文案、字幕与合适的背景音乐,这样一个成品就完成了。剪辑风格对短视频有着明显的直接影响,如果剪辑师选择的素材和播放节奏不恰当,有可能会妨碍短视频表达主题。所以后期制作环节必须严格把关。

 专家提示

▶ 现场布景和演员的表现是短视频中给用户留下印象最深的部分。许多用户不懂得如何从拍摄、构图、剪辑等专业角度分析短视频拍得如何,但对现场布景好不好看和演员的表演是否到位能够一目了然。所以这两个环节应该作为准备工作中的重中之重。如果拥有先进的设备和充足的经费,却拍出不能打动人的视频,就事与愿违了。

有"网感"的好创意是怎样炼成的

> 短视频资讯

在不少网友印象中,2016年突然大火的"papi酱"是国内第一个因短视频而成名的网红。她凭借张扬的个性、毒舌的吐槽和别具一格的变声器腔调,打造出一系列人气短视频。"papi酱"团队做的选题一直非常接地气,常能抓住"80后""90后"青年在生活中的痛点。比如,2019年11月14日推出的《"papi酱"不定期更新的放送——论父母的日常双标之"当他们是父母时vs当他们是爷爷奶奶/外公外婆时"》短视频,生动地揭示了老年人和子女之间的观念差异。该视频的转发量和评论数都近10万,点赞数更是超过了100万。

对于短视频运营者而言,创意是立足之本。业界常说需要有"网感"的创意。什么是"网感",人们很难说明白。可以肯定的是,"papi酱"是个有"网感"的短视频创作者。她总是能从日常生活中的细微处找到能引发大众共鸣的创意。这也是她走向成功的核心竞争力。

看着那些短视频网红总是花样百出,是不是感到很羡慕?然而,许多短视频运营者的常态是绞尽脑汁想创意却憋了很长时间也没有灵感。直接模仿网红的话会被人说是山寨版，效果不见得好。不模仿的话，又不知道该如何是好。其实，我们只要掌握一些方法，构思创意就能有章可循。先来了解一下短视频创作者常用的创意类型。

1. 常见创意类型

常见的创意类型，主要分为以下几种。

（1）转折型创意

假如是长达1小时以上的视频，我们可以按照起承转合的常规方式叙事，并且加上主线和辅线让剧情变得复杂多样。但短视频没有那么多篇幅按部就班地讲故事，必须用更加精巧简洁的结构来加快叙事节奏，在更短的时间内把想表达的内容讲明白。我们可以运用两种转折型结构来展示内容。

①情景A→转折点→情景B

开头的情景A通常是一种不佳状态，跟观众在生活中遇到的某个麻烦息息相关。产品、服务或者某种道具的出现，成为一个改变局面的转折点。结尾的情景B展示了问题解决后的状态，并升华主题。

②产品展示→转折点→关键信息

第一步展示产品的外观、操作过程，并间接地表达使用体验。在中间设置一个突发变故的转折点，让剧情更加跌宕起伏，给观众制造悬念。最后展示的关键信息升华价值，把主题拉回到产品的良好使用体验上。

（2）类比和对比型创意

类比型创意通过类比手法，将某个关键信息生动形象地呈现出来，以求给大众留下深刻的印象。运营者要想用好类比型创意，首先得提炼出自己最想在短视频中表达的信息。这个信息就是关键信息，可以是一个词语，也可以是一句话。以此为基础来寻找适宜的类比对象，然后完成对影像场景、视觉画面、背景音乐、文案等表现形式的设计。

对比型创意主要通过对比两个同类事物的差异来表达创作者的意图。我们可以用产品A和产品B、场景A和场景B、行为A和行为B、公司A和公司B等同类事物进行对比。比如，对比说明产品A优于产品B，用批判行为A来衬托行为B的可贵。总之是要把自己认可的一方作为对比关系中的优势一方。

（3）视觉奇观型创意

短视频受限于时间长度，没法放太多文字，也很难从头到尾讲完一个完整的故事。假如运营者不以讲故事见长，可以考虑使用视觉奇观型创意。这类创意更加强调画面的精美特效，通过色彩、构图、节奏、镜头运动等方面的设计来创作出令人惊叹的视觉效果。

其中，色彩应该丰富明丽而变化多端，在短时间内（1分钟以内）可以博眼球。构图应该注意分屏和多屏的变化。文字造型也要视为画面元素的一部分，与色彩形成搭配，让观众能记住带有关键信息的画面。此类创意的节奏讲究流动性和连贯性，可采用"慢—快—慢"的剪辑节奏，让每段关键文字有至少3秒的展示时间。

（4）动态化创意

动态化创意也是一种讲究视觉特效的创意。静态的画面一般不容易吸引人的注意力。在短视频中加入各种运动特效，让静止的画面充满动感，人们就会不自觉地被吸引。常见的动态化创意有旋转、缩放、升起、伸展、飞旋、中心旋转、弹跳、曲线向上、拖放、翻转、浮动、玩具风车、螺旋飞入、放大并翻转、向内溶解、切入、拆分、随机线条、擦除等。

（5）无厘头创意

无厘头创意以荒诞的剧情、幽默的台词、夸张的表演为特征。这种创意完全不按常理和逻辑出牌，以玩世不恭的态度解构传统，故而能给大家耳目一新的感觉。无厘头创意对于那些叛逆精神较强、喜欢打破条条框框的观众很有吸引力。

2. 实用创意方法

上述各类创意各有所长，都有大量成熟的成功案例，具体需要跟运营者想表达的主题或者品牌、产品的特点结合起来使用。灵活运用以下几种方法，可以构思出一个有"网感"的创意。

（1）主题问答法

主题问答法是最常见的创意方法。第一步是挖掘某个品牌、产品的亮点，提炼短视频要表达的主题。然后再围绕这个主题来设计内容。具体做法是用同一个问题来提问形形色色的人，不同的人用不同的方式、不同的情绪和不同的观点来作答。开始的问答应该以负面情绪为主，越往后越倾向于正面情绪，进而一步一步转变为彻底的正面情绪。在结尾处给出该问题的最终答案。这个答案就是短视频创作者真正想表达的东西。

（2）联想创新法

联想创新法是通过展示与某个品牌或者思想相关的人、事、物来间接引出创作者想要表达的价值观的创意方法。具体的做法是先确定品牌价值观或者思想主题，然后寻找所有与之相关的人、事、物，从中挑选出跟短视频最匹配的代表，将其一一展现出来。展现的内容越贴近生活，效果越好。通过这些人、事、物来引发观众的联想，让他们今后一看到这些东西就会记起短视频中展示的品牌价值观或者思想主题。

（3）反向推进法

反向推进法采用的是逆向思维，以反其道而行之的策略来催生创意。在创作短视频时，反向推进法主要是通过打破正常的时间线来揭示出其不意的结局，阐述出人意料的道理。我们要先设置一个很有冲击力的开头，把观众吸引住。短视频采用倒叙的方式来讲故事，最后一定要设置一个让观众意料不到的结局，并用出人意料的道理来升华主题，让前面做的各种铺垫看起来顺理成章。

（4）反转惊喜法

反转惊喜法一般用于构思转折型创意。创作此类短视频时，要先设置一个具有强烈反差感的人物和场景，让观众一眼就能感受到强大的违和感。接下来，这个人物要遇到事件发展的障碍，或者跟其他人物发生冲突。然后通过某种产品或者服务作为关键的一环来解决人物冲突，破除事件发展的障碍。这就是让观众松一口气的反转惊喜。前期的反差感越强烈，后期的反转越巧妙，创意的效果越好。

（5）引用典故法

引用典故法是一种非常实用的创意方法，能够有效提升短视频的深度和内涵，让观众觉得创作者很有文化素养。我们在创作短视频的时候，引入那些妇孺皆知的经典名著、历史故事、精辟寓言以及民间俗语，在典故的基础上植入新的价值（比如产品特色、思想观念等）。通过这种旧瓶装新酒的方式来推陈出新，让短视频给观众耳目一新的观看体验。

（6）产品拟人法

产品拟人法，顾名思义就是让短视频中展现的产品转变成一个拟人角色，像人一样与主要人物进行互动。使用这种创意方法的第一步是根据产品特色设计出一个个性鲜明、一目了然的产品拟人角色（也可以理解为设计吉祥物）。在此基础上，让这个拟人角色与主要人物对话，或者一起做某些事，从而表达出该产品在生活中对大家有什么重要意义。

（7）以小见大法

以小见大的创意方法对短视频创作者的观察力提出了较高的要求。只有那些善于观察的创作者，才能从日常生活中看似不起眼的地方捕捉打动人心的细节。此类创意的开头往往是展示各种稀松平常的生活场景，然后主人公遇到了冲突，并努力将其解决。通过诸如此类的平凡小事来讲述一个大家都能认同的大道理。此类创意需要展现出丰富而细腻的情感才能真正打动观众。

（8）以大见小法

以大见小的创意方法与以小见大法的思路恰好相反。后者是从微观切入，逐步过渡到宏观。前者是从宏观大背景讲起，然后才引入某个具体的小背景，接下来再由小背景切入微观的产品、品牌或者宣传口号，最终点明其在大背景中发挥了什么重要作用，以求升华主题。这种创意方法要求短视频创作者具备较为广阔的视野和深刻的社会洞察力，否则容易变成自说自话、自我感动的小家子气作品。

专家提示

▶ 只在内容里加入几十个网络热词，并不是真正的"网感"，最多只能算是"二手网感"。"网感"实际上根植于我们对时代的思考以及对生活的观察。"网感"体现了人们对热点事件和人性的认识。所以，"网感"不是靠模仿就能学来的，它是一种创新的自我表达，而非简单的鹦鹉学舌。

搜集素材是制作出好视频的前提

▶ 短视频资讯

2020年1月17日晚上,"淮秀帮"发了一条微博——"#网络春晚淮秀帮#淮秀帮央视网络春晚创意配音戏说春节(央视播出版本)!!!杨洋春运抢票,吴京春节加班'太难了',葛大爷春节相亲语录xswl,佟湘玉绝美口音

图4-3 "淮秀帮"参加央视网络春晚

《野狼disco》喜迎狼年，哦不，鼠年！第一次在那么大型的晚会上现场配音好紧张鸭！！！""淮秀帮"应邀参加央视网络春晚，赢得观众阵阵喝彩。

"淮秀帮"团队强大的配音能力令人叫绝。他们利用现有的多部经典影视作品剪辑出一个合集，然后配上搞笑的文案和近似影片原声的配音。通过这种方式为大众带来了许多欢声笑语。虽然团队一直不自己拍摄短视频，但从各个影片中挑选应景的场景，体现了其强大的素材搜集能力，堪称短视频创作者的典范。

不只是"淮秀帮"，几乎所有的短视频网红在选择素材方面都有自己独特的创意。有的和"淮秀帮"一样是利用现成的影片资源进行再创作的，有的则是通过搜集素材来为自主拍摄的原创短视频添砖加瓦。可以肯定地说，不懂搜集素材的运营者不可能制作出好的短视频。我们平时可以通过以下几个途径来获取素材。

1. 从经典影片中提炼素材

从经典影片中提炼素材"淮秀帮"和电影类营销号等短视频创作者的常用方法。"淮秀帮"主要是选择画面重新剪辑，形成原创搞笑视频。电影类营销号则喜欢解构一整部电影，将其中经典画面重新剪接成一个新的故事，再配上自己的文案解说，给用户带来新的欣赏体验。

这两种思路都是对经典影视作品的一种恶搞，通常被划分到幽默搞笑的垂直领域。关键在于选择素材时要精心挑选合适的场景和人物，后期剪辑时要能重新构建另一个故事。这对创作者的文案功底和剪辑水平要求很高。

2. 从视频APP里寻找内容

抖音、快手、西瓜视频、小红书等短视频APP是短视频内容最多、最全、最集中的发布平台。这些APP的短视频内容几乎覆盖了生活和工作的方方面面，并且形成多种多样的垂直领域，每个垂直领域都有海量的创意和素材供我们浏览和研究。

从视频APP里寻找内容是广大短视频运营团队学习其他竞争者优点的主要方法。我们在搜集素材时，要深入分析别人为什么能做出爆款。特别是有些看起来制作比较简单粗糙的短视频，能够成为爆款一定有创意或者题材方面的独到之处。

3. 搜索国内外的视频网站

腾讯、优酷、爱奇艺等在线视频网站，以二次元文化和弹幕吐槽为特色的A站（AcFun弹幕视频网）和B站，都是很好的素材搜集场所。与短视频APP不同，国内外的视频网站通常是以长视频和视频直播为主。虽然跟短视频的发展思路不一样，但是我们寻找经典影片素材通常也是从此类网站上搜索的。其中，A站和B站的弹幕吐槽已经形成了一种互联网流行文化，里面包含了无数网友的稀奇古怪的"脑洞"，可以给短视频创作者带来许多待开发的新创意。

4. 自己拍摄所需素材

除了以上三个途径外，运营者还可以自己拍摄短视频素材。许多头部账号的创意比较个性化，不一定能从别处找到合适的素材，所以一般是由自己的团队策划和拍摄素材。有的拍摄比较简单，更强调选题的切入点和文案的犀利程度，对画面的艺术感没有太高要求。有的则重视画面的美感，对文案的要求不太高。具体要看短视频运营者自己的定位和能力。如果是自己拍摄所需素材，团队中就必须有精通拍摄和视频处理的人才，否则拍摄成本及工作流程会影响创作团队的出品速度和质量。

 专家提示

▶ 同样的食材在不同的厨师手中会产生不一样的味道。同样的素材在不同的短视频创作者手中会发挥出不一样的效力。有些短视频运营者疏于内容开发，只是完全照搬别人的素材，没有融入自己的想法，谈不上真正的创意。越是那种追求万能营销套路的短视频，越容易犯"内容同质化"的错误，很难在竞争中脱颖而出。

生产有个性、趣味性和新鲜感的内容

▶ 短视频资讯

"孟婆十九"是抖音、快手上的短视频网红。她的视频短片道尽人间冷暖，或劝人向善，或解人之忧，能治愈观众的心灵。"孟婆十九"一直坚持汉服扮相，很有东方古典韵味。温柔善良、活泼可爱的性格设定与高颜值，让"孟婆十九"获得了很高的人气。

精彩的短篇故事剧情加上演员的真情演出，让"孟婆十九"的系列短视频的内容充满了个性、趣味性和新鲜感。这样的内容很难不让人喜欢。短视频创作团队在制作内容时，应该加以借鉴。

图4-4 "孟婆十九"

当然，我们并不是要让大家去跟风模仿"孟婆十九"的题材。学人者生，似人者死。跟头部网红展开错位竞争，出路会更宽。就目前而言，以下内容标签下的短视频很受用户欢迎，而且对我们开展营销也有很大用处。

标签一：测评

测评类短视频的主要内容是创作者录制自己对某一款产品的测评过程。比如，直播带货的主播就是通过现场测评自己推销的产品来带动用户下单的。产品测评类短视频在今后会变得越来越普遍。因为如今许多消费者在购买产品之前，已经养成了在互联网上搜索相关产品介绍的习惯。单纯介绍产品的短视频不如测评类短视频更能取信于消费者。产品测评类内容目前已经成为短视频营销的一个重要的商业变现模式。

标签二：教程

教程类视频的内容都是一些所谓的"干货"，通常是某种事物的原理演示或者制作某种东西的过程。美食、美妆、手工制作类的内容都属于教程类内容。这类内容的趣味性在于，不同的短视频创作者往往有着不一样的处理技巧，形成了多元化的个性，对大众来说很有新鲜感。此类内容专业性比较强，大众的需求也很多样化。只要确实有干货，新人也能很快崛起。

标签三：视频博客

视频博客就是VOLG，博主通过视频来记录自己的生活和所见所感，也就是制作视频日记。日记类的内容带有强烈的个人特色和生活气息，也是大众比较感兴趣的内容。视频博客的特效一般用得不多，可以随拍随发，能够给用户带来不一样的生活体验。此类短视频创作者一般具有某种人格魅力，用户会对他们产生好奇心，通过观看视频博客来拉近彼此的距离，获得精神上的满足感。

标签四：游戏

只要与游戏相关的短视频，都可以归入游戏类内容。游戏类短视频可以是某种游戏的实况录像、游戏音乐、游戏服饰、游戏人物、游戏宣传片、游戏解说以及游戏硬件测评。此类内容在游戏玩家群体中大受欢迎，有很强的流量变现能力。

标签五：幽默搞笑

由于人们的工作生活压力普遍较大，所以人们经常需要大量能够放松心情、疏导压力、增强信心的心灵调剂品。幽默搞笑类内容也因此成为短视频领域长久不衰的标签。此类内容可以是传统的喜剧，也可以是无厘头创意，还可以是黑色幽默。用户的笑点被太多的同质化内容提高了，所以幽默搞笑类内容必须足够新颖才能打动用户。

标签六：盘点

盘点类短视频主要是各种"今年最受欢迎的N种×××产品""万能钻石男配角Top10""史上最精彩的十大动作电影打斗戏"之类的内容。有些盘点偏娱乐搞笑内容，有些盘点偏产品测评内容。这些盘点通过总结的方式让广大用户接触到了更多的信息，有助于给那些进入盘点榜单的产品、节目、人物或者作品增加人气。

标签七：整蛊

整蛊类短视频指的是创作者通过设置陷阱等恶作剧来测试路人，并在一旁录下每个路人第一反应的小节目。此类内容最大的看点就是被测试者或惊讶或恐惧或镇定或慌乱的第一反应。因为事前无法料到每个被测试者会有什么反应，所以常会有意外的惊喜。当然，整蛊类短视频本质上是恶作剧，如果尺度把握不好，则可能会招致非议。

专家提示

短视频时代的内容以新颖、奇特、快节奏取胜。其中的快节奏指的是短视频讲故事时要能让用户快速进入高潮部分。用户在点开视频后的几秒钟内就会判断是否继续看下去。有些原创内容本身质量很高，但开头铺垫太多，进入高潮太慢，就很难吸引用户看完。所以短视频的开头一定要吸引人，且尽快推进到高潮部分。

做好短视频内容策划的基本框架

▶ 短视频资讯

以男装汉服打扮出镜的"月老玄七"跟"孟婆十九"是同一个短视频团队打造的玄幻IP（Intellectual Property）。这个系列还有文曲星等角色。"月老玄七"是"孟婆十九"的前辈，经常被她找来帮忙。在抖音搜索"月老玄七"和"孟婆十九"的名字时，都会有五个以上的词条自动关联对方。这对高颜值神仙CP（Couple）已经成为这个玄幻系列品牌短片的最大亮点之一。

"月老玄七"和"孟婆十九"的短视频故事使用了同一个世界观。短视频

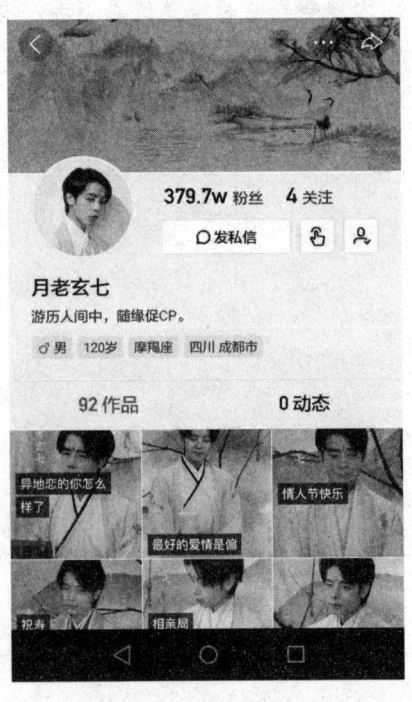

图4-5 "月老玄七"

团队从内容策划阶段就会反复打磨脚本。每个成员从不同角度提出自己的看法，把脚本修改得更完善。在拍摄之前，主创们还会进行角色扮演找感觉。每一集都会精心挑选合适的演员、场景和道具。导演在拍摄过程中总是一丝不苟地调整道具的位置，指导演员在情绪、眼神、语气上表演出最佳效果。

我们不难发现，这个来自成都市的短视频团队从内容策划阶段就精益求精，"月老玄七"和"孟婆十九"等角色的走红也在情理之中。新手短视频创作者一下子很难达到这个境界，但可以按照短视频内容策划的基本框架做好以下工作。

1. 明确短视频的主题和时长

在内容策划之初，团队要做好前期市场调研，了解用户需求，明确自身的兴趣和特长。综合考虑这些因素，然后再确定短视频内容的主题。这些调研应该充分结合大数据分析进行，多研究同类型的短视频爆款作品，多看看相关领域的头部网红是怎么做的。

在确定内容的主题后，还要注意把握好短视频成品的时长。有的短视频只有10秒，有的则是几分钟。我们要根据主题方向和想表达的内容来安排成品的时长。时间太长了会增加成本，观众可能也没耐心看完；太短了又无法放入太多信息，观众会觉得不过瘾。

2. 制订可行的方案

在上一步的基础上，短视频团队要形成一个可行的方案。所谓可行的方案，就是把所需的人员、资金、设备、场地、拍摄时间、工期等情况写下来，做成一张清单。务必让每一位团队成员清楚地了解当前有哪些资源，还缺少哪些必需的资源，需要做哪些准备工作。

在此基础上，统筹规划一个工作计划表，把每个岗位做什么事、需要哪些资源、在几天内完成、如何检验完成质量等工作细节全部安排清楚。如此一来，每个团队成员就知道如何分工协作，自己负责做哪一项任务了。

3. 快速进入高潮部分

我们在制作短视频时，应该让内容快速进入高潮部分。这是因为，现在的观众一般都没什么耐心，希望能在碎片时间中不费脑子地迅速看完短视频。假如开头几秒不能吸引住他们，就别指望他们能继续看下去了。

对于有故事剧情的短视频来说，开头的铺垫不要太多，一开始就要出现吸引人的元素，形成最初的小高潮，让大家看明白这是个什么主题的故事。接下来剧情推进要快，因为短视频的时长有限，必须以秒为单位来控制叙事节奏，让剧情尽快发展到最高潮。

如果是非剧情类的短视频，则可以在开头把本期内容提要先讲清楚，或者设置一个带有悬念的问题，先把观众的目光吸引住，不断渲染悬念，然后再一步一步展示细节，最终揭晓答案。若能在视频结尾处给观众恍然大悟的感觉，那么就可以说这是一个好视频。

4. 注意内容规范，不要触犯禁忌

我们做短视频内容要推陈出新，但不可为了猎奇而刻意做一些标新立异，即没有下限的事情。这样虽然会在短时期内引起一些轰动，但最终不是被广大观众口诛笔伐，就是受到国家依照法律法规的处罚。不少短视频网红因为内容规范问题踩了红线而被责令整顿，作品全部下架，人气顿时

锐减。有这些前车之鉴在，我们不该再靠耍小聪明来博出位。好好做内容才是正道。

5. 做好长期的选题策划

做短视频内容不能妄想着一步登天，立即变现。反而应该做好长期不火的心理准备。不断研究市场和用户，寻找自己在短视频行业中的位置，在反复试错的过程中摸索发展出路。为此，我们必须做好长期的选题策划，不能什么火就跟风做什么，老是邯郸学步，最后还是没有自己的出路。

做长期选题策划，要由易及难，从容易做的内容着手，逐步向更有深度、高度和难度的内容过渡。尤其是某些专业性较强的知识类短视频，如果一上来就传播高级知识，完全不考虑初学者的感受，则会吓退大量潜在用户。为此，我们应该跟用户保持互动，经常询问他们的看法，把内容打磨得更符合他们的需求。

6. 能融入短视频平台生态

短视频作品是通过各个短视频平台展示给大众的。如果我们做内容策划时不考虑短视频平台的特点，就会显得不科学。只有那些能融入短视频平台生态的优质内容，才能从万千作品中脱颖而出，获得爆款的影响力。

总之，随着短视频营销模式的兴起，越来越多的商家加入这个战场，包括腾讯、阿里巴巴等互联网巨头。以流量至上的短视频策划思路正在面临空前的挑战。今后的短视频策划更加重视内容的广度和深度。这就要求短视频创作团队能持续稳定地生产精品内容。唯有如此，才能在不断迭代的短视频市场中抢占先机。

专家提示

短视频的时间不长,但信息量大,而且无法像剧情片那样起承转合、慢慢讲故事。因此,创作分镜头脚本的时候务必细致到每一个画面的每一个细节,在有限的时间内把内容表达清楚。否则你的短视频就无法产生足够强大的故事性,不能让用户在短时间内看明白这是一个什么样的故事、想表达的是什么内容。

拍摄及制作优质短视频的注意事项

▶ 短视频资讯

"李子柒"拍摄的短视频是唯美风格,被大众认为很有仙气。但她起初一个人做短视频的时候还没做到这个程度。为了寻找更好的拍摄角度,她尝试过把相机挂在树上、垫在石头上、架在板凳上。为了让画面更好看,经常用几个小时去拍一个几秒钟的镜头,拍完一段就去调整镜头,一天都做不完一个视频。但是通过不断的磨炼,"李子柒"终于尝试出了现在的风格。她的运营团队坚持唯美风格,保持了这个品牌的优势。

拍摄是短视频营销中承前启后的枢纽环节。只有经过这一步,纸上的创意策划方案才能变成真正的短视频作品。对于用户来说,短视频主要是视觉的艺术。短视频营销在很大程度上就是靠视觉效果取胜的。精妙的文案配上糟糕的画面,无疑会给用户带来不舒服的观看体验。

因此,我们在拍摄和制作短视频时,应该注意以下问题,以求制作出合格甚至优质的短视频作品。

1. 短视频常用的构图方式

要想获得协调而完整的短视频画面，就不得不重视构图。构图的基本要求是：画面中有重点，主体处于视觉中心，视觉上平衡且不能喧宾夺主，构图的色调要和谐。

常用的构图法包括：给用户一种平衡、安稳的视觉效果的对称构图法，适合展现大场景和远景的引导线构图法，能够引起用户好奇心的框架式构图法，带有柔软、浪漫气息的S形状构图法，以黄金分割构图的九宫格构图法，视觉冲击力较强的三角形构图法，不稳定的V字形构图法和具有运动感和延伸感的对角线构图法等。

这些构图法在短视频中常常以组合的方式运用。通过不同的构图法来突出每一段短视频画面中的重点，将其想表达的内容清晰地传递给用户，是短视频构图的目的。

2. 镜头的运用要流畅自然

短视频最终的视觉效果，主要取决于镜头的运用。在好看的短视频作品中，镜头的运用必定是流畅而自然的，不会给人一种看起来很费力、很伤眼睛的负面感受。短视频中的每个镜头都要符合一定的逻辑，不能凭感觉胡乱使用。用户在观看短视频的时候，也会用自己的逻辑去理解其中的内容。当他们感觉逻辑不通的时候，就会给出差评。

为此，我们在拍摄的时候一定要遵循匹配原则。匹配原则指的是，短视频镜头中的人与物要上下一致，拍摄物品时要保持空间一致，镜头和演员的视线也要相匹配。否则用户在观看的时候就会时不时感到"出戏"，很难有耐心把短视频播放到最后。要做这点，离不开摄影师和剪辑师的默契配合。

3. 做好分镜头细节

在短视频拍摄制作过程中,分镜头是让内容更加流畅的关键。在拍摄之前,我们要设计好所需画面的剧情、内容以及拍摄的角度、手法。这样才能避免盲目拍摄一堆不知所谓的镜头。

通过前期的分镜规划,我们就能把每个镜头都衔接起来。制作前期分镜规划的基本点具体如下。

- 确定镜号,也就是按照顺序把每个镜头都编号。
- 确定景别,划分具体的全景、中景、近景、特写、显微等。
- 确定镜头的运用和组合。
- 按照分镜头内容,以具体而形象的文本为依据来规划画面。
- 规划背景音乐的使用,并注明每个配乐在短视频中的起始位置。
- 规划音响效果,设法让看到画面的用户有一种身临其境的视听感受。
- 规划每个镜头的拍摄时间,以秒为单位确定长度。

拍摄工作按照前期分镜规划进行,但在实际拍摄过程中,还要结合天气变化、演员状态以及其他不确定的因素进行调整。最好是事前多想一些备用方案。

此外,为了确保后期剪辑有充足的内容可以选择,拍摄分镜头的画面应当比原本设计的要长一些。这样在后期剪辑时更便于保障作品的整体结构合理,画面内容流畅。

专家提示

▶ 一个爆款短视频可能是精心炮制的成果,也可能是意外地触动了广大网民的某个痛点或者泪点的结果。无论多么火爆的短视频,都不可能长久不衰。因为用户的注意力非常容易转移。因此,短视频营销不可能只靠偶然的一炮走红,得持续推出一系列的优秀短视频才行。运营者需要在影响力下降到低谷之前及时推出新作品,这样才能保持长久的人气。

为短视频内容增添有灵魂的后期剪辑

▶ 短视频资讯

　　许多美食短视频创作者喜欢使用柔美的布景、精致的餐具和清新的音乐，把短视频做成符合小资审美的小清新风格。大多数美食短视频创作者都走这条路线，但是"美食作家王刚"的烹饪教学视频却选择了一条朴实无华的硬核路线。他把未经过修饰的后厨展现出来，并不刻意为烹饪的过程添加美感。其视频必从挑选和处理食材开始，把烹饪中每个步骤的要点都解释清楚。不加修饰的画面和流畅的剪辑叙事风格，让他的作品成为美食短视频的一股清流。

　　王刚的视频镜头简单直白，一切从实际出发，没有像其他美食博主那样通过镜头运动去展现食物的色泽和美感。这种视频效果虽然没有形式上的美感，却能精准地传达实用信息。他还善于用镜头清楚地描述人们更关注的细节——调料的用量和火候的掌控。

　　此外，他的视频几乎没有停顿，镜头切换随着烹饪步骤快速切换，只在必要时停顿一下做特写。这种后期剪辑手法把一道菜的烹饪过程压缩到两三分钟，干货满满且没有一秒钟是多余的。这样的后期剪辑效果对用户来说非常实用。

从某种意义上来说，后期剪辑成功与否关系到团队成员们前期的努力是否白费。每个剪辑师的风格和创意各有千秋，但有些工作要点是相通的。掌握这些要点，有助于我们为短视频内容注入灵魂。

1. 剪辑要突出主题和重点

短视频是按照脚本来拍摄的。脚本体现了作品的核心即主题，所有镜头都是围绕这个核心来展开的。你在短视频中想让观众看到的东西，与观众对作品内容的理解是否一致，主要取决于后期剪辑能否做到突出主题和重点。如果你觉得观众没有理解你的意思，那么问题不是出在脚本策划环节，就是出在后期剪辑环节。

负责后期剪辑的工作人员会按照自己对作品的理解来剪辑素材。同样的拍摄素材若是运用不同的剪辑手法来处理，呈现出来的作品可能会完全不一样。本来是赞扬的内容，经过剪辑后反而表达出否定之意；悲伤的故事也能被剪辑成一个喜剧。因此，我们在后期剪辑时一定要注意不能让作品偏离主题，也不能忽略重点，把想要表达的东西歪曲或者淡化了。否则观众就无法感受到你要传递的思想感情。

2. 背景音乐要应景

在一条短视频中，场景和人物对话都在传递情绪。情绪的变化往往需要用音乐来表现。倘若选错了音乐，再好的画面也会给人一种强烈的违和感，观看体验明显下降。比如，当短视频中的人物情绪变得低落时，应该使用忧郁哀伤的音乐。如果使用激昂喜庆的音乐，就无法表达出人物的低落情绪。

背景音乐是用来烘托短视频氛围的，必须跟作品的内容相称，也就是人们常说的"应景"。如果此时的剧情有悬念，就应该选择那些让人会产生紧张感的音乐。一个内容完整的短视频很少会从头到尾只用一段音乐，因为这样无法表现出短视频内容的层次感和复杂性。所以我们要把多个背景音乐剪辑进去，根据每一段内容的变化来选取应景的曲子。只有这样才能提升短视频成品的表达效果。

3. 片头和片尾相呼应

短视频的时长较短，但也要有片头和片尾，而且片头和片尾的重要性不亚于背景音乐。观众会不会在点击播放3秒之内决定放弃观看，主要取决于短视频的片头能否给人带来冲击力、震撼力、新鲜感或者悬念。短视频的片尾若是不能与片头形成呼应，就会显得虎头蛇尾，完成度不高，视频的好评率也会因此下降。

我们在剪辑片头时，应该把视频主题迅速展现出来，让观众快速入戏。如果片头插入一段简单的背景和人物介绍，就能让观众对短视频的内容有一定了解，那么接下来的观看体验也会较为顺畅。

片尾是用来升华整个短视频主题的，所以我们在剪辑片尾时，要把内容要点简单回顾一下，通过音乐、播放节奏等元素的变化把观众的情绪调动到极致。如此一来，观众在全片结束后会有更多回味。如果能在片尾给观众留下更多的思考，比如提出一个开放性问题，表达效果可能会更好。

4. 在短视频中加上团队LOGO（标识）

LOGO是短视频团队的名片，也是观众对团队的第一印象。没有

LOGO，别人不会把你当成一个品牌来看。所以每一个短视频作品都应该加上LOGO。这不仅是为了宣传，也是一种保护原创作品版权的手段。

好看的LOGO有利于提高观众的好感度，换言之就是对增粉有帮助。可以请专业的设计公司设计LOGO，初创业的短视频团队如果经费有限，也可以自己设计。我们在设计LOGO时要想清楚LOGO有何寓意，也就是宣传什么样的团队文化。总之，LOGO要表现出短视频团队的品牌特色及核心精神。

此外，LOGO应当是一个简明且容易被记住的符号。过于花里胡哨的设计会显得烦琐，让人们一看就感觉不舒服，也不容易记忆和联想。最好是能让大众一看到某些图案就会联想到我们的LOGO。这个LOGO一旦被确定下来，就要像旗帜一样传承，不可轻易更改，否则很有可能会掉粉。

 专家提示

▶ 删减和弃用拍好的素材，是一件很可惜的事。但这是保障短视频品质的必要措施。你之前认为很有创意的东西，说不定会喧宾夺主，影响整体效果。法国雕塑大师奥古斯特·罗丹在创作文学家巴尔扎克的雕像时，为了雕像的整体效果，砍掉了过于完美的双手部分。我们在剪辑短视频素材时，也应该秉承"作为一件真正的艺术品，不可能任何一部分都可以比它的整体更加重要"的创作原则。

第五章 在社交平台上引爆流量的高效推广手段

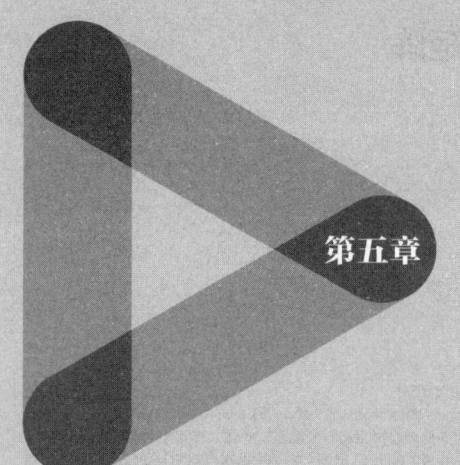

我们制作的短视频只有被用户看到,才能传播开来,在社交平台上形成影响力。然而,这是一个信息爆炸的时代,人们每天都会接收大量信息,精力和时间因此变得越来越碎片化。同样,观看短视频的注意力也是有限的。因此,为了在社交平台上引爆流量,我们在向用户推广短视频时,需要采取一些巧妙的手段。比如,选择合适的发布平台,选择传播效果最佳的时间段,搜集容易引发讨论的话题,找到让大众感觉亲切的切入点。

多平台同步推广，形成引流矩阵

 短视频资讯

除了在春晚上迅速做出营销反应，并在线下同时进行现金和物资的捐赠外，快手还于2020年1月22日紧急上线了"肺炎防治"频道和"口罩防护"魔法表情。此外，快手还利用平台资源，联合人民日报新媒体，推出了《点击，你将随机接听一个拜年视频电话》H5[①]，32位快手"大V"通过短视频

图5-1 驰援武汉医生的沙画日记

---

① H5是一系列制作网页互动效果的技术集合，即H5就是移动端的Web页面。

的方式为武汉加油；1月27日，快手在#快手状元#直播答题活动中开设了【疫情防控】专题，帮助用户更全面地了解疫情防控知识。

这是一个注意力成为稀缺资源的时代。用短视频来做营销，说白了就是在争夺用户的注意力，把他们从海量的繁杂信息中吸引过来，流量由此产生。所有的运营者都希望做出引爆流量的爆款短视频，但这并不容易做到。

除了内容的策划和视频制作外，推广运营环节也很重要。推广不力意味着好作品将错过成为爆款的时机，最后只能被列入"叫好不叫座"的短视频排行榜前10名，以供大众缅怀。为此，我们应该把制作好的短视频放在多个平台上同步推广，争取形成引流矩阵，这样才能提高其成为爆款的概率。

1. 可选的短视频平台

每个短视频平台基本上都为用户提供了简单易操作的拍摄、制作功能。由于各平台的推广算法有差异，短视频的传播效果也大相径庭。平台喜好的内容会得到更多的推广。在A平台火不起来的东西，也许在B平台会火得一塌糊涂，成为爆款后又反过来带动该作品在A平台和其他平台上的热度。运营者在发布作品之前，应该挑选跟作品内容最契合的平台作为主要宣传阵地。

（1）抖音

抖音短视频平台的主要用户是"95后""00后"。虽然也有大量其他年龄段的用户不断加入，但平台整体上还是围绕年轻用户的需求来发展，以有趣、潮酷为主要风格。就连中老年用户，也在学年轻人的玩法，化身为年轻人眼中酷炫的"潮叔""潮姨""潮爷爷""潮奶奶"。抖音短视频平台推出的主要是人物、才艺和PGC系列内容。

（2）快手

快手的市场定位是三四线城市和农村的下沉市场，其内容以通俗、接地气、真实的三四线城市和农村生活场景为主，堪称是下沉市场的一面镜子。猎奇、搞怪、趣味是快手短视频的主要画风，"双击666"等网络热词就来自快手。如今快手也不断引入抖音平台的网红，增加了PGC系列内容，但整体定位和画风还是不同于抖音。

（3）西瓜视频

西瓜视频是字节跳动旗下的个性化推荐短视频平台，是由今日头条孵化的独立短视频APP，与今日头条有着密切的合作。其内容包含音乐、影视、社会、农业、游戏、美食、教育、生活、体育、文化、时尚、科技等分类，并且为短视频创作者设置了"边看边买"功能。

（4）美拍

美拍主要做的是游戏、穿搭、购物分享类内容，总体上更专注女性化生态，立足于生活娱乐内容，不像抖音、快手、西瓜视频内容那么庞杂多样。

（5）秒拍

秒拍是一个集观看、拍摄、剪辑、分享于一体的超强短视频工具，更是一个好玩的短视频社区。其短视频有10秒版本、30秒版本，在各大短视频平台中时长最短。这个特点决定了秒拍不适合发布信息量太大的内容。但秒拍在微博的协助下聚集了许多明星红人，传播力度很大。而且创作者能够利用强大的工具功能制作10秒或30秒的作品，对于普通用户来说非常方便。

2. 打造引流矩阵的基本原则

除了短视频平台外，还有微博、微信、今日头条、门户网站、媒体客户端等平台可以作为推广短视频的阵地。为了更好地形成引流矩阵，我们应该对推广平台有所取舍。

我们没有必要做全平台的推广，因为精力有限。短视频营销团队大多规模较小，多一个推广平台就意味着增加很多工作量。团队成员应当根据短视频内容的特点，选择最有利于推广的平台发布。集中力量和资源做持续推广，放弃价值不大的宣传阵地，有舍才有得。这样才能把精力和资金花在"刀刃"上，形成一个高效的引流矩阵。

专家提示

▶ 短视频营销要求运营者既要找准垂直领域，又要充分利用多个平台同步推送信息，尽可能地扩大短视频的覆盖面。单一的发布渠道影响力再大，也无法跟多平台形成的引流矩阵相提并论。资讯平台、社交平台、营销平台都应该覆盖到位，这样才能提高宣传内容的曝光度，获得更好的传播效果。

优化视频发布效果的五个细节

▶ 短视频资讯

　　电影博主"嘻咦啊看"（原名："瞎看什么"）以新闻联播风格的电影解读短视频闻名于互联网，其最吸引人的地方是妙语连珠的文案。以短视频标题为例，"嘻咦啊看"的视频取名风格是这样的：《这有一道价值数十万的小学数学应用题》《这个德州石油大亨教你什么叫咬文嚼字》《他88岁还在自导自演拍电影》《你发朋友圈忘记屏蔽某人时，有过严重后果吗？》《你身边真的有垃圾食品的受害者吗？》。虽然"嘻咦啊看"更新频率很低，但他的粉丝还在不停地催更。

　　新手短视频运营者经常会遇到这种情况：辛勤制作的短视频并不像预想中那样受欢迎，未能在各个发布平台上推广开来。也许不是因为你的视频不好，也不是你的创意有问题。问题可能出在细节上，如果把细节再优化一下，说不定就能突破瓶颈，实现高效推广了。为此，我们在发布短视频之前，应该从以下几个方面来优化视频发布效果。

1. 设置一个引人注目的标题

人人都讨厌媒体中的"标题党"。"标题党"总是故意用一个吸引眼球的标题引诱你点开文章或者短视频,但里面的内容粗制滥造、毫无营养。尽管如此,用户这次骂完"标题党",下一次还是会被"标题党"的东西吸引。因为那个标题确实吸引人。

"标题党"往往只用很短的时间来拼凑或者照搬内容,却会花更多的时间来想标题,通过头脑风暴想出大量标题,然后从中择优。我们虽然不提倡大家做"标题党",但对标题确实应该多花点儿功夫打磨。一个引人注目的短视频标题,应当包括以下元素。

(1)标题应当能完整表达创作者的想法

很多短视频都没有特别详细的文字说明,更多是靠人的动作、道具、背景音乐等方式来表达自己的想法。如果标题起得太含糊,就难以把创作者的想法表达出来,用户可能会觉得看不懂短视频究竟想表达什么。短视频的标题不怕字数多,重要的是能够完整地表达中心思想。

(2)标题应该设有悬念

没有悬念的标题就是一杯索然无味的白开水。就算短视频的内容本身很有趣,但用户看到标题却以为其是无聊的东西,进而不会去点开它。反之,当用户看到一个设有悬念的标题时,就会忍不住揣测短视频里的内容,看看是否跟自己猜想的一致。

设置悬念的方法主要是增加标题的疑问语气。具体而言就是用反问句或者开放式问题做标题。反问句式标题会吸引用户寻找你提出这个反问的原因;开放式问题的标题会吸引用户参与互动。最终都会达到加强推广力度的效果。

(3) 标题中应该包含矛盾点

在标题中设置矛盾点是许多文艺作品使用的修饰方法。比如"嘻咦啊看"在2019年8月19日推出的电影解读短视频，标题就叫作《这是一对没整过容的韩国美妆博主》。众所周知，韩国以整容业发达著称，这个包含矛盾点的标题会吸引用户去探寻造成这个矛盾的原因，进而对视频内容产生兴趣。

(4) 应当站在用户的角度取标题

我们制作短视频的主要目的是赢得用户的认可，把他们变成积极帮助我们推广内容的粉丝。你必须站在用户的角度取标题，让用户觉得你的短视频是为他们创作的。在标题中用"你"作为主语，会让用户感到你是在跟他直接对话。此外，你还可以根据用户的特点给他们带上一个身份标签，让他们对号入座。这样能让用户有更多的热情来参与互动。

(5) 根据发布平台的推荐规则来取标题

不同的短视频平台有不一样的推荐算法。标题取得再有趣，若是跟平台的推荐规则不相符，就不会被系统自动推广，传播效果也会大打折扣。运营者在想标题时，不能只考虑人的感受，还要考虑机器的执行规则。因为你的标题是由机器推荐的，所以先要让机器认可你的标题。

2. 插入合适的相关话题

"#话题"的推广方式在微博、抖音、快手上都得到了广泛运用。当你的短视频内容跟某个话题相关时，加上"#话题"可以大大增加流量。因为同一个话题下的短视频更容易被其他关注这个话题的用户看到。而且同一个话题的多个短视频流量越高，越有利于帮助该话题上热搜，起到"众人拾柴火焰高"的效果。

3. 把内容准确送达给能帮你推广的人

除了在短视频上加"#话题"外,"@好友"也是一个能优化视频发布效果的细节。如果你的互关好友没有第一时间看到你更新的短视频,就没有办法及时转发,从而使流量降低。但如果你在发布短视频的同时@好友,让他们第一时间一起集中火力帮你推广一波,就有可能产生聚焦效果,让你的短视频瞬间流量猛增,扩散给更多人。

4. 添加有知名度和能引起用户归属感的关键词

在短视频中添加关键词,可以增加用户通过搜索来找到你的概率。他们在搜索某个关键词时会在搜索栏的下拉相关名词中看到你的信息。设置关键词可以采用有知名度的词语、跟热点相关的流行语、能引起用户归属感的词语(比如城市、职业、群体标签)。设置关键词的意义在于帮助用户精准地搜索到你的短视频。

5. 调整短视频的分享范围

短视频在设置分享范围时有"公开""好友可见""私密"等选项。运营者通常是希望短视频传播范围越广越好,所以十有八九选择"公开"。但是也不能一概而论。有些短视频可能是为某些粉丝好友特别定制的,不一定适合公开传播。这时可以考虑选择"好友可见"来限制传播范围。此外,运营者还可以把短视频分享到朋友圈、微博粉丝群、微信群,以扩大其分享范围。

专家提示

▶ 短视频的标题和公众号的标题一样,在很大程度上决定了阅读量的多少。因为朴实直白的标题很难吸引用户的注意力,所以内容越短的短视频,越要重视标题的质量。像抖音上那些只有15秒的短视频,标题可能已经超出了15个字,而且切入的角度比较特别,让人过目不忘。把握好这个点睛之笔,同一条短视频的发布效果将大不相同。

选择发布短视频的黄金时间

▶ 短视频资讯

卡思数据发布的《抖音短视频发布时间报告》显示,抖音短视频的网红们在一个自然周内每天发布的视频数量相差并不太大,在周末并无明显增长。与大众习惯不同的是,抖音网红在周日比较"懒惰",发布视频数量排全周的倒数第二,只比周一发布的视频多一些。此外,粉丝量较高的网红倾向于周五、周六发布视频作品;粉丝量较低的网红在发布时间上则没有明显的偏好,比较平均。

实践证明,同一类型的短视频在传播效率和互动数据上存在明显的差异,其中一个影响传播效果的因素就是发布短视频的时间。即使是同一位短视频网红,在不同时间发布的视频,也会出现效果不一样的现象。

有时候,短视频一发出去就马上引爆流量,粉丝、用户们纷纷积极推广,让该作品迅速变为爆款。但有时候,运营者自认为呕心沥血打造的有爆款潜力的短视频反而沉了下去,响应者寥寥无几。随着短视频行业的不断发展,业内人士在平台大数据的帮助下逐渐摸清了其中的规律。

总的来说,短视频的最佳发布时间是由用户习惯形成的。短视频的优点是可以随时随地利用碎片时间来欣赏。用户在一天中有许多碎片时间,但并不是每个碎片时间都会用来看短视频。这导致短视频平台不同时间段的用户在线人数会出现较大差异。

从理论上说,运营者在用户活跃时间的高峰期上传的短视频作品,将得到更高成为爆款的可能性。找准了发布作品的黄金时间,短视频营销的效果将事倍功半。既然如此,什么时间发布短视频的效果最好呢?我们先来看看广大用户的日常生活习惯。

一般来说,早上7:00—10:00是用户查看短视频最频繁的时段,尤其是一线城市的用户,因为上班通勤时间往往比较长,在地铁、公交上经常会习惯性地用手机看短视频打发时间。该时段的流量高峰不如中午11:00—14:00稳定。因为这个时间段通常是用户吃午饭和休息的时间,很多人会顺便看看短视频放松。下午17:00—19:00是下班高峰期,交通越堵人们越想通过看短视频来缓解等待过程中的焦虑。晚上23:00—凌晨1:00,习惯晚睡的熬夜党会停下手中的其他事,躺在床上玩手机,直到睡着,这是一个观看短视频的小高峰期。

卡思数据在分析了200万条抖音短视频后,从数据中发现了一些规律。抖音网红上传作品的高峰期一般出现在中午(11:00—12:00)和傍晚(17:00—19:00)这两个时间段(一周七天都是),其中在傍晚时间段更活跃,工作日的傍晚时间段又比周末的要活跃一些。许多粉丝超过300万的网红在工作日傍晚发布的视频数量接近全天总量的一半,比周末同时段高出10%。

17:00—18:00对应了碎片时间最集中的下班高峰期,大数据表明,在这个时间段发布的短视频更容易产生互动（工作日和周末都是如此），能给作品带来最大的流量。其次是在中午11：00—12：00发布的短视频，互动流量也相当可观。再次是周末上午9：00发布的短视频，也能收获一个相对较小的流量高峰。

总之，我们可以根据上述规律来选择上传作品的时间，争取在黄金时间把短视频发布出去，提高推广效果。比如，像高粉丝量抖音网红一样选择在每个周五、周六的17：00—19：00上传新作品。要想做到这点，我们就要计算好制作短视频的周期，尽可能地确保短视频能在黄金时间段之前制作完成并通过内部测评。万一错过了一个黄金时间，也要争取赶上本周内另一个黄金时间。若是不幸错过了本周所有的时机，那么宁可推迟发布也不要盲目出手，白白浪费团队的心血。

专家提示

▶ 短视频的最佳发布时间最终取决于用户群体的日常生活习惯。不同的群体有着不一样的观看习惯，所以最佳发布时间并非只有某个时间段。运营者要充分考虑用户群体在日常生活中是如何分配时间和精力的，并且应该估算好用户在各个碎片时间段中可以接收的信息量。这样发布的短视频内容才会被更多用户点击和观看，形成更大的流量。

视角贴近生活,引发大众的共鸣

▶ 短视频资讯

　　美食制作类的视频中常出现"宽油"这个词。宽油指的是做菜时大量放油。厨师长王刚制作的家常菜烹饪教学视频中就经常使用宽油。但是大多数普通观众平时做菜放不了那么多油,或者没有那么大的锅放宽油。所以看到"宽油"就觉得这道菜没法学下去,可以关闭视频了。于是网友们常说"宽油劝退"或"宽油警告",并使之变成了网络流行语。

　　在互联网上爆红的短视频,大多能引发大众的共鸣。若是做不到这一点,那么无论你把短视频制作得多么精良,都无济于事。但是,什么才是能引发大众共鸣的短视频呢?对于这个问题,不同的运营者有不一样的看法,解决问题的关键在于弄清用户为什么关注你。通过观察爆红的短视频,我们发现用户看短视频是为了满足以下几种需求。

1. 寻找快乐

抖音、快手等短视频平台最初的兴起，就是因为大量搞怪又搞笑的短视频。视频制作者用手机即时抓拍自己在生活中遇到的趣事，将其分享到抖音、快手等平台上。假如视频里的内容恰好戳中了大众的笑点，就会被网友们疯狂转发。加上短视频平台的推广算法，其传播效率相当惊人。最终还会被转载到微博、微信等社交媒体上。

图5-2 "朱一旦的枯燥生活"

人们喜欢看笑料，是因为生活中会积攒压力，需要用令自己快乐的东西来缓解压力、放松心情。寻找快乐是每个人的刚需，谁能满足刚需，谁就能赢得大众的喜爱。短视频运营者应当想方设法给用户带来快乐的感受，这样用户才会持续关注你的账号。

想要给用户持续带来快乐的方法很多，但归根结底就两条：

■ 选择轻松的、令大家感到愉悦的短视频题材。

■ 在短视频中亮相的主播要具备鲜明的个性，表演风格与角色特征要保持一致。

第一条理所当然，第二条可能会有人提出不同的看法，认为这样会阻碍创新。没错，短视频内容没有新意是万万不能的，但这跟保持风格与角色的一致性并不矛盾。试想一下，用户就是被你的表演风格与角色设定所吸引的，所以希望看到你不断提供此类内容。倘若你为了创新而丢弃了用户对你的固有印象，那么他们就会觉得你不再有独特的内涵，从而对你失去兴趣。

2. 满足好奇心

好奇心是人们共同的天性，区别只在于程度大小和对什么东西感兴趣。满足好奇心的短视频一般是稀奇的、新颖的以及带有悬念的。要想激发用户的好奇心，就得制造认识上的反差。比如，利用打破刻板印象来设置反转剧情的手法，让用户不能轻易猜到结局。这就能激发他们对短视频内容的好奇心。

快手短视频运营者为了吸引新浪微博用户下载快手APP，经常在微博上发布一些悬疑类短视频的前半部分。这些视频都会在关键时刻中止，让想看结局的用户到快手APP上继续观看。有些不想下载又希望了解结局的用户会在评论中询问，但短视频运营者会通过控评等手段来让他们的好奇心得不到满足，最终还是忍不住下载快手APP。

需要注意的是，满足用户的好奇心也不是一味地标新立异就能产生良好的效果。最容易激发人们好奇心的是那些跟现实生活很贴近又在意料之外、情理之中的内容。假如完全脱离生活，用户就不容易产生共鸣感。没有共鸣感，内容再稀奇也难以在用户中产生广泛影响。

3. 学习某种知识

短视频种类繁多，既有娱乐类的，也有实用类的。单纯的文字说明越详细，就越不容易学习。静态的图片展示缺乏连贯性，也会让学习者对操作细节产生认识盲区，从而模仿失败。比起文字和图片，短视频能更好地展示多个操作步骤。

比如美食、美妆博主发布的短视频，把烹饪和化妆的全过程完整地展示出来。用户可以收藏起来边看边学，反复研究，通过模仿来掌握该项技能。从这个意义上来说，短视频是目前最亲民的知识载体，为广大用户提供了一个更加真实和生动的学习渠道。

自从实用类短视频出现后，众多用户有样学样，将这些知识技能用于生活中。久而久之，逐渐形成了稳固的爱好者圈子，甚至让短视频制作者逐步树立起自己的品牌。

4. 解决实际问题

人们在生活中不可能只靠娱乐过日子，还需要解决很多实际问题。解决问题的短视频通常包括"如何制作×××""如何挑选×××""如何应对×××"等内容。比如，各地警方推出的防骗普法短视频，银行用来演示服务流程的短视频，都属于解决问题的短视频。我们可以将其归类为工具类短视频。

工具类短视频的出现，为各行各业的宣传工作带来了巨大的便利。它满足了用户在生活中最实际的需求。不同于幽默搞笑的娱乐类短视频，工具类短视频传播的知识是人们在生活中会反复用到的。每次遇到相同的问题时，用户必然会重新浏览自己收藏或者搜索到的工具类短视频。而娱乐类短视频播放后很难被人们记住，只会偶然想起。这就使得工具类短视频的用户黏度很高，对运营者做深度营销非常有利。

5. 寻求心理安慰

寻求心理安慰也是人们观看短视频的一个重要精神需求。不少短视频博主把心灵鸡汤读物里的经典句子或者经典故事搬上短视频，还有些团队录制以励志演讲为主题的短视频。用户在生活中遭遇挫折时往往情绪低落，容易陷入自我否定的泥潭，观看此类短视频能缓解心理上的痛苦，增强坚持下去的信心。

尽管有不少用户认为心灵鸡汤类的短视频是虚头巴脑的东西，但不可否认的是，当人们完全被负能量和消极思考方式包围时，身心状态会明显受损。人们永远需要心灵安慰，需要激励自我。若能在这方面抓住目标用户的心理，提供他们想要的、能改善其心理状态的东西，就能吸引更多的用户来传播你的短视频。

专家提示

▶ 短视频平台的兴起拓宽了社交媒体用户的视野。以抖音、快手为代表的短视频平台,已经成为社会各界人士展示自己日常生活的重要渠道。特别是涉及三农领域的短视频,出乎意料地受欢迎。无论是精心包装出来的想象中的田园生活,还是写实的农村生活,都从不同的角度引发了大众的共鸣。甚至可以说,这些短视频开辟了新的细分市场。

提升短视频流量的六种推广技巧

▶ 短视频资讯

　　2019年11月16日10点56分,"美食作家王刚"在微博上发了一个关于"家猪的分解"的视频。他和他的四伯分解了一头整猪。每分解到一个部位,就会介绍名称、肉质特点、适合什么烹调方式以及该部位的猪肉在当地的价格。王刚做这一期短视频节目是因为有不少网友说想看家猪的分解。在这个视频下的评论中,许多网友还纷纷"交作业"——上传自己用猪肉烹制菜品的照片。该视频的转发量很快过万。

　　如何提升流量,是短视频运营者最关心的问题之一。因为流量在很大程度上代表着运营者的品牌影响力。"不择手段"地引爆流量,是一种简单粗暴的短视做法。能收效一时,但无法真正树立品牌口碑。我们做短视频营销,不能过于急功近利。看到别人用剑走偏锋的手段引爆了流量,就盲目跟风,说不定会落得个东施效颦的结果。

　　其实,有六种提升短视频流量的推广技巧,可供运营者选择。这些技巧都是从多个成功案例中提炼出来的。在掌握以下推广技巧后，我们就能琢磨出最适合自己的推广方法。

1. 利用明星效应

利用明星效应是运营者最容易想到的推广办法。流量说白了就是影响力，影响力取决于知名度。明星的知名度高，有一呼百应的影响力。所以商家总是寻找明星担任产品或品牌形象代言人。短视频也不例外，明星发布的短视频会被其忠实粉丝大量转发扩散，让不计其数的路人也能看到相关内容。这样一来，运营者想传达的内容就被推广出去了。

这种推广办法虽然有效，但投入的成本通常比较高。知名度越高的明星，代言费也越高。运营者能否赚回预期的流量收益，是一个在策划阶段就要考虑清楚的问题。因此，有些短视频运营者另辟蹊径，一改用明星艺人背书的常规思路，走演员"草根化"路线。短视频中出镜的都不是专业演员，这样可以节省大量成本，凭借巧妙的剧情构思引爆流量。

2. 利用热点话题引发网民热议

热点话题指的是上了社交媒体平台"热搜"的话题。上了"热搜"的话题会被平台优先推广，让所有用户都能看到。许多营销号、自媒体为了"蹭热度"也会纷纷跟风参与讨论热点话题，让该话题在"热搜"上的人气和排名就会更高。由此可见，利用热点话题引发网民热议是一个非常有效的推广手段。

（1）产品话题

产品话题包括产品的功效、性能、材质、用法、生产、营销等信息。凡是关于产品的一切，都可以想办法做成一个话题。对于商家来说，产品话题是跟经济利益与社会效益关系最直接的热点话题，也是短视频营销中要表达的核心内容。也有专业人士将产品话题称为话题营销的主食。

制造产品话题的常用手段是制作产品的广告短片，然后将其发布于各大社交平台。值得注意的是，产品话题要设法营造出新鲜感。因为用户对同一产品越熟悉就越容易对宣传视频产生审美疲劳。一定要找到更新颖、更贴近生活用途的角度，最好是能用产品来引出某个大众关心的生活需要。

（2）传播话题

传播话题就是指用于包装产品的当下热点话题。比如，"回家过年"是每年春节期间必然会出现的热点话题。如果能在春节期间把产品和"回家过年"的热点结合在一起，短视频宣传片的推广效果会比平时好很多。

百事可乐在春节期间推出《把乐带回家》系列短视频，就是一个成功的典范。这些短视频的重点不是展示产品，而是宣传中国的家文化与年文化，产品只是作为年货出现。如果只讨论百事可乐相关的产品话题，对宣传片感兴趣的网友就会比较少。以"回家过年"的传播话题为切入点，就会引发全民的共鸣感，也会主动转发《把乐带回家》短视频来营造过年的氛围。

（3）日常话题

运营者一般都能利用好传播话题。可是当一个热点结束后，短视频的推广效果也会迅速下降。能否让自己的产品和品牌一直保持足够的话题热度，是衡量短视频营销水平的一个重要标杆。因此，运营者要找到能反复讨论且跟品牌有关的日常话题。用日常话题来引爆流量需要注意以下几点。

- 话题要差异化，与同类内容有区别。
- 话题要有让目标用户对产品产生印象深刻的记忆点。
- 话题要具备一些争议性，才能引起大众反复讨论。
- 话题要抓住大众的某种情绪，触发人们的情感需求。

■ 话题不能只是运营者的自娱自乐，要能让大众共同参与互动。

■ 话题不能让用户感到被冒犯，否则会让品牌名誉受损，降低用户的忠诚度。

3. 打造品牌人设

快手红人"创手艺"的人设很鲜明——竹编手艺人。"创手艺"很早就习得竹编技能，他的视频展现的都是那些贴近江南农村生活的竹编制品及其相关编制过程，包括：稻谷筛子、小篮子、烘焙笼、菜篮、果盘、鱼笼等。看过他的视频，人们不仅会赞叹竹编这门手艺的独特，更对这些延续中国传统手艺的匠人充满了崇敬之情。

图5-3 快手红人"创手艺"

像"创手艺"这样的中国民间艺人,实际上就是利用自己最擅长的技能为自己树立起了品牌人设——竹编手艺人,同时也让竹编技艺重新有了生机。特别是在竹编制品逐渐退出大众视野的当下,重新将竹编制品引入人们的生活,更能激发观众对这门艺术的赞美,从而让手艺人的视频获得更多的传播机会,这对帮助手艺人更好地树立品牌人设有很大的作用。

4. 发起挑战赛

通过短视频发起挑战赛,也是一个引爆流量的好点子。人类天生对带有激励机制的游戏感兴趣,区别只在于每个人喜欢的游戏类型不尽相同。挑战赛就是一种典型的带有激励机制的游戏,能激发人们的好奇心与好胜心,从而将挑战赛的消息迅速传播开来。

曾经红遍全球的冰桶挑战赛以公益为切入点,由国内外名人相互点名参与,以录制短视频为证据,像击鼓传花一样不断发起新的挑战。故宫食品品牌发起的"#众卿抖起来"挑战赛,让广大网友打开脑洞,想出一个又一个有趣而时尚的创意。这些方法都起到了很好的推广效果。

运营者在使用这种推广方法时要注意两点:一是挑战赛必须好玩有趣,否则人们会提不起参与的兴趣;二是挑战赛必须门槛低、易模仿,能让普罗大众轻松参与,如果门槛太高就变成了专业人士小圈子的自娱自乐,起不到引爆大众流量的作用。

5. 推出创意广告

短视频平台起初发布的都是一些简单的短视频。随着这个领域的不断发展,许多商家推出了精心制作的短视频创意广告,开辟了新的流量增长点。不同于普通人随手录制的生活短视频,创意广告是由专业广告公司打造的,在剧情设计、拍摄、剪辑、制作等方面都精雕细琢，力求提高短视频内容的品质和用户的观感。

比如，海尔发布的奇幻新年广告片《新治家之道》，就是一则典型的短视频创意广告。这则广告脑洞大开，让中国儒家圣人孔子和英国的数学家图灵（计算机科学之父，人工智能之父）坐上同一趟列车，观看了当代家庭的种种形态。孔子感叹道："这个时代，家真的不一样了。"

海尔集团的智能家居产品贯穿于各个家庭的生活场景当中，为每一种形态的家庭提供了智能化生活保障。这则创意广告不仅是在展示产品，更是在向人们传递一种尊重多元价值观的人文关怀。这则短视频创意广告一经播放，就被用户大量转发。

6. 与KOL进行联动

KOL在互联网上有较大的影响力，往往受到某个群体的推崇。他们说的话和推荐的产品，往往会被该群体接受。特别是熟悉某类产品的KOL，可以给大众讲解详细、准确、实用的产品信息，可以说是最适合的优秀产品宣传员。

比如，"口红一哥"李佳琦曾于2018年9月6日，成功挑战"30秒内为最多人涂口红"的吉尼斯世界纪录，成为涂口红的世界纪录保持者。他在直播中试用各种口红，成为口红类产品的KOL。于是，许多商家纷纷找他合作。

寻找KOL合作是一种不错的推广方法，可以借助其人气吸引更多的受众，形成新的销售增长点。不过，优质的KOL谁都抢着合作，如何选择最合适的合作对象，如何做好短视频营销活动策划，都会对推广效果产生截然不同的影响。

专家提示

参与热点话题是个很实用的引流方式,因为无论是营销号、关键意见领袖还是自媒体,都喜欢采用这个策略。各方不需要事先通气就能自发地形成互动,引发热点话题的裂变式传播。如果能在追逐热点的过程中顺势推出自己独具构想的创意,就能带来"路人转粉丝"的意外收获。但参与热点话题时要注意分寸和底线,否则就会出现"粉丝转黑"和"路人转黑"的尴尬局面。

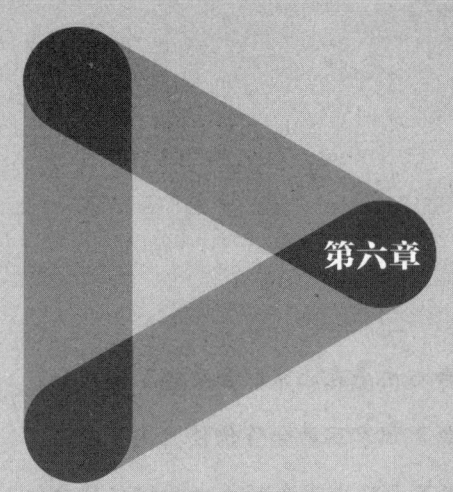

第六章 把短视频粉丝逐步转化成忠实消费者

有些短视频运营者偶尔出了一两个爆红的短视频，但并没有成功地把短期增长的粉丝真正凝聚起来，最终只是昙花一现，被新的爆红短视频运营者取代。事实上，看短视频的人数多，不等于你的粉丝数量多。你的粉丝数量多，不代表你的流量转化率高。短视频营销只是一种手段，最终目的是要培养更多的忠实消费者。为了实现这个目标，短视频运营者需要按照一定的规律来经营自己的粉丝。

短视频营销背后的粉丝经济

> ▶ 短视频资讯

2019年12月25日，中央广播电视总台与快手在北京联合举办了发布会，正式宣布快手成为2020年《春节联欢晚会》独家互动合作伙伴。快手在除夕首次采用"视频+点赞"的全新形式发出了春晚史上金额最大的10亿现金红包。据数据统计，快手春晚直播间在当晚总共送出426万个"武汉加油"公益礼物，总金额高达2688万快币。快手还在红包提现开启时上线"公益支持武汉"功能，携手用户共同支援疫情最重的武汉。

从快手春晚直播间送出的426万个公益礼物可以看出，快手平台的用户规模有多么惊人。短视频营销说到底做的还是粉丝经济，用内容吸引粉丝、积攒人气、形成流量，然后再把流量变现为广告商务合作的敲门砖，把粉丝转化为实实在在的消费者。

因此，短视频运营者不仅要有生产优质原创内容的能力，还要学会粉丝运营。这样才能提高用户黏性，让粉丝愿意为你的创意和产品付款。

1. 粉丝的常见种类

粉丝是由各种各样的人组成的。即使有着共同的关注点和兴趣爱好，也依然会存在诸多差异。通常而言，短视频领域的粉丝可以分为三种类型。

（1）路人粉丝（简称路人粉）

路人粉通常占粉丝中的大多数。路人粉关注你的原因一般是偶然的。他们恰好看到了某个爆款短视频，发现那个视频是你做的，或者发现你在该视频的留言区里写了一段让他们有共鸣感的评论，于是就顺手关注了你。

路人粉对你的了解非常有限，只是偶然关注了你，不知道在良好的第一印象之后还会不会有更好的第二印象。他们会继续观看你的短视频作品，合口味则继续关注，不合口味则手动取关。路人粉的来来去去是很稀松平常的事。短视频运营者要做的就是设法留住更多的路人粉，让他们养成定期观看你作品的习惯，把他们转化为内容粉和品牌粉。

（2）内容粉丝（简称内容粉）

内容粉是短视频运营者的主要输出对象，比路人粉的用户黏性强了许多。无论他们从什么途径找到你，关注你的原因都是喜欢你提供的内容。他们是你的忠实观众，经常会催促你更新，看到你更新时就会主动点击播放，向自己的熟人推荐你的新作品。

但与此同时，内容粉也会对你的作品提出更高的质量要求。如果你的短视频内容质量下降，不再能带来内容粉想要的东西，内容粉也会手动取关你。那些关心你的内容粉，会对你的作品提出自己的看法和建议。他们中不乏见地或者脑洞大的人，能够为你的创作提供不错的启发。

（3）品牌粉丝（简称品牌粉）

品牌粉的用户黏性比内容粉更高一筹。他们对你的短视频作品有情感依赖，也能从创作团队与品牌垂直社群中找到归属感。他们不像内容粉那样特别看重内容，更重视的是短视频本身的品牌属性和创作者的人格魅力，对社交互动要求更高。

品牌粉的用户黏性很高，是短视频营销最主要的价值变现对象，也是推广短视频的主力军。他们可以作为垂直社群中的骨干力量，帮助创作团队与广大粉丝维持沟通，发挥许多意想不到的作用。品牌粉中的佼佼者甚至具有成为创作团队成员的潜质。

2. 怎样从粉丝那里获得高关注度

粉丝运营是一门复杂的学问，其出发点是从粉丝那里获得高关注度，以求保持粉丝队伍的持续壮大和短视频流量的持续增长。这恰恰是许多短视频运营者感到头痛的问题。其实，只要做好以下几点，这个问题就能解决。

（1）不要自说自话，要说用户感兴趣的社交话题

粉丝是为了满足社交需求而来的，最讨厌的就是短视频运营者只顾自说自话，不能放下身段与他们平等交流。粉丝喜欢你的短视频内容，不代表他们喜欢听你单方面灌输信息，而是希望你能像朋友一样跟他们互动。为此，你必须学会参与粉丝用户感兴趣的社交话题，跟他们打成一片，而不能像个发广告的机器人。

（2）用场景故事的形式来展示内容

粉丝通常是用碎片时间来观看短视频的，不可能长时间为之集中精力。但与此同时，粉丝又要求短视频能够讲一个接地气的完整故事。所以，我们在制作短视频内容的时候，应该尽量将其场景故事化。而且场景故事越贴近大众的生活情景，越能打动粉丝的心，短视频的推广效果也就越好。

（3）与粉丝喜欢的KOL合作

你的粉丝不可能只喜欢你一个，还会同时喜欢其他的短视频KOL。假如你和这些KOL展开合作，哪怕只是最普通的互动，都会让粉丝感到非常欣喜。这对提高双方的流量和用户黏性都有好处。当然，你要选择合适的合作对象以及合理的合作方式，这样才能引爆粉丝流量。

 专家提示

▶ 粉丝经济催生了"粉圈"文化。"粉圈"文化通常比较狂热，许多互联网上的热点事件之所以成为热点，跟不同圈子的粉丝之间的激烈争斗有关。"粉圈"文化一方面加强了垂直社群的凝聚力，有利于价值变现，但另一方面也让不少唯"粉"是从的商家做了许多危害行业长期发展的短视行为。短视频运营固然应该深入挖掘粉丝经济的效益，却也必须警惕"粉圈"文化带来的负面影响。否则就是在饮鸩止渴、竭泽而渔。

扩大粉丝规模是短视频营销的增长点

▶ **短视频资讯**

短视频网红的增粉速度往往十分惊人。"90后"美食短视频网红办公室小野原本是一名普通员工,因为发一些在办公室里做食物的短视频而爆红。她只用了10个月时间,在抖音发了3条短视频,就获得了超过1500万的阅读量。"口红一哥"李佳琦原本的月薪是6000元,但他只用了短短2个月就在抖音平台上拥有1400万+粉丝,月收入达到了80万元。

短视频营销本质上是一种通过内容营销带动流量的经济。没有粉丝就没有流量。要想让更多消费者购买你推荐的产品和服务,就得先把他们变成你的短视频粉丝。粉丝越多,流量越多,粉丝活跃度和留存率越高,则营销收益越大。短视频运营者在增粉后的生活会发生很大变化,这从上述案例可见一斑。

如何快速增粉甚至做到持续快速增粉,是广大短视频运营团队最关心也是最头痛的问题之一。因为没有人能确保自己一直受到粉丝喜爱,哪怕是头部网红，到了一定程度也很难继续增粉。我们这里讲的是当你的粉丝还不算太多时应该采取的有效增粉方法。

1. 短视频品牌要带有感情属性

我们在第五章中提到过，短视频品牌应当人格化，形成个性鲜明的人设，否则难以产生吸引用户的人格魅力。但在粉丝运营的过程中，我们不能只是简单地卖人设，而是要往短视频品牌里注入感情属性。具体来说，就是寻找一些能够跟用户进行情感联络的事物，让粉丝觉得你的人设不是一台冷冰冰的营销机器，而是一个真正带有感情色彩的人。

比如，有些短视频运营者家里养了可爱的猫、狗等宠物。在录制短视频或者做直播节目时把它们也带上，或者让它们自然地出现在背景中"抢戏"。这样会让粉丝感觉你的视频内容更有真实感和生活感，对你的好感度也会更高。

2. 跟粉丝做朋友

这个道理谁都懂，但只有少数头部网红KOL真正做到了。对某些短视频运营者来说，粉丝首先是市场受众、营销对象，至于其他的关系都是多余的。这样的观念已经落后了，因为短视频营销和其他新媒体营销一样，都是建立于社交关系基础上的营销手段。如果不能跟粉丝成为长期的朋友，就不会产生稳定的合作，更无法形成一个具有凝聚力的垂直社群。

粉丝之所以关注短视频创作者，是因为喜欢短视频的内容以及创作者身上的某种特质。这是双方成为朋友的一个良好条件。只要我们能以平等的朋友的姿态与粉丝交流，并且关心他们在意的东西，就能构建起互动机制，在粉丝中树立自己的口碑。

只有我们坚持跟粉丝做朋友，粉丝才会用更高的品牌忠诚度和消费热情来回报我们的努力，这是一个良性循环。但是，我们一定要警惕自己在粉丝暴涨之后变得自鸣得意，以傲慢的态度对待粉丝，以为有那么多人喜欢自己，少一些粉丝也无所谓。这种态度会让粉丝寒心，从而出现掉粉狂潮，比当初增粉时的速度还快。

3. 稳定更新内容

短视频营销依靠短视频内容来增粉。仅跟粉丝互动而不能稳定更新短视频，粉丝也会渐渐地对你失去兴趣。他们也许不会取关你，但主要的注意力恐怕早已被其他更新更勤快的短视频团队所吸引。更新间隔过长，就连老粉丝也会流失他处，短视频营销就只剩个空架子了。

无论是早期的迅速增粉，还是后期的粉丝留存，都离不开稳定的更新和高质量的作品。当然，更新的间隔不宜太长也不宜太短。一方面，更新过于频繁会让团队成员的压力过大，不利于保持制作水平；另一方面，粉丝在观看新内容之后也需要一定的消化时间，接连看几期更新只能提高他们一时的满意度，胃口大了就很难再被满足。

专家提示

> 如何快速增粉是许多短视频运营者感到头痛的问题。有些快手主播为了爆红，从无伤大雅的恶搞逐渐变为没节操、无下限的猎奇。其中不乏因违法和挑战社会公德而遭到处罚的人。每个运营者都有扩大用户规模的压力，但采用不择手段的增粉方式只能收获一时的人气，不会真正吸引优质的粉丝用户群。远离这种损人不利己的事情，是我们做短视频营销的基本底线。

没有定期活动,粉丝看完视频就相忘于江湖

▶ 短视频资讯

2020年2月13日,新媒联盟联合中国健康管理协会、中关村数字媒体产业联盟、中国传媒大学互联网信息研究院、中版昆仑传媒有限公司、北京微电影产业协会、2020中国新媒体短视频大赛组委会等单位,在吉利汽车集团的支持下联合发起了"共同战疫·健康吉利"短视频作品征集活动。该活动号召广大短视频创作者用15秒至3分钟的清晰的镜头记录自己身边的战"疫"故事,向每一个参与战"疫"行动的一线工作者致敬。其中的优秀作品入选由新媒联盟等主办的"让世界充满吉利——2020中国新媒体短视频大赛"。主办单位将为获胜者颁发证书并给予相应的奖励。

这个由多家单位联合举办的短视频作品征集活动,抓住了当前人们最关心的社会问题。开展这个活动既有公益方面的考虑,也是在利用活动的形式来开展短视频营销,从而达到一举多得的目的。在此期间,各大短视频平台也纷纷组织力量,开展各种各样的主题活动,思路多种多样,目标却是一

致的。

未来的短视频营销会越来越重视经济效益和社会效益相结合，而不再只是片面地考虑流量。其主要实现方式就是短视频团队把自己社群的粉丝调动起来，共同参与到某个活动当中，通过活动来共同履行社会义务，在此过程中增进情感，强化社群粉丝的凝聚力。这样就能避免粉丝一盘散沙，看完视频后就跟创作团队相忘于江湖的松散状态。有三种类型的粉丝活动可供我们选择。

1. 线下活动

粉丝运营不能只在线上做活动，线下活动也是要做的。用网友的说法就是，二次元和三次元要破壁。这里说的线下活动不是那种小众的活动，而是全民都可以参与的线下活动。比如"共同战疫·健康吉利"短视频作品征集活动就属于这种类型。该活动对参与者没有身份限制，人人都能参与，只要符合活动要求即可。

- ■作品时长15秒至3分钟。作品应为原创，严禁抄袭、剽窃。
- ■作品拍摄使用手机、单反、DV（数码摄像机）、专业摄像机均可，要求影像清晰。
- ■作品征集：参与者可直接在其抖音或微博上传短视频作品并加"#共同战疫·健康吉利"以及"#让世界充满吉利"短视频征集话题，也可将作品发至邮箱。

这样的活动不限于垂直社群粉丝参与，会有各行各业的用户加入，产生的内容往往也五花八门，说不定能收获一些意料之外的精品。而且，组织活动的短视频团队也可以借此机会提高自己的路人缘，扩大自己的知名度。

2. 主题活动

粉丝的活跃度对视频团队的人气非常重要。仅是组织全民参与的线下活动，并不完全能吸引垂直社群的粉丝。因为从消费心理的角度来说，粉丝更希望得到的是"特供服务"。因为粉丝已经把短视频垂直社群当作一个文化共同体的小圈子，"自己人"和"外人"的界限分明。如果没有为粉丝这个特定群体举办特定的主题活动，那么他们对短视频品牌的忠诚度就会受到影响。

因此，短视频团队可以根据自己的领域组织一些具有垂直社群特色的主题活动。比如，美食类短视频博主可以发起一些类似厨艺比拼的活动。美食博主王刚建立了"宽油1班"和"宽油2班"等粉丝群，会发起一些让学习做菜的粉丝把自己的作品拍照分享的活动。此类主题活动被他的粉丝称为"交作业"。

3. 定期见面会

定期见面会就是短视频团队成员定期举办的线下见面活动，把自己展现在众粉丝面前。这种活动往往由短视频团队的官方应援团来协助组织或者代为举办。定期见面会往往也是短视频团队宣传新作品和开展其他营销活动的良机。

对一些以个人魅力为亮点的短视频创作者来说，跟粉丝定期见面有助于拉近自己跟粉丝的距离，现场感受粉丝的支持和鼓励。对粉丝来说，短视频创作者的一切都是他们感兴趣的话题，如果能从线上粉丝转为现实生活中的朋友，他们就会感到很高兴和荣幸。

 **专家提示**

▶ 组织活动的根本目的是"促活",也就是让粉丝保持较高的活跃度。在一个人数众多的粉丝群里,真正踊跃发言的只是少数,但他们会影响"沉默的大多数"。许多粉丝并不是真的对活动不感兴趣,而是懒得自己牵头组织。一旦有人号召,只要条件允许,他们就乐意参与。若是长时间没有活动的话,粉丝群就会成为一座"休眠火山"。

让粉丝在短视频文化中寻找自己

▶ 短视频资讯

"一禅小和尚"是由苏州大禹网络科技有限公司原创的3D（三维）动画，主人公是一个6岁的小男孩，法号"一禅"。动画的剧情是他和师父慧远老和尚之间发生的一个个有趣而温情的小故事，里面包含了许多生活道理。这个系列动画短片的画质精良、内容治愈，主人公的人设暖萌，非常符合年轻用户的口味。自入驻抖音以来，"一禅小和尚"短短几个月就成为抖音"大V"，圈粉无数，成为短视频行业中罕见的动画品牌。

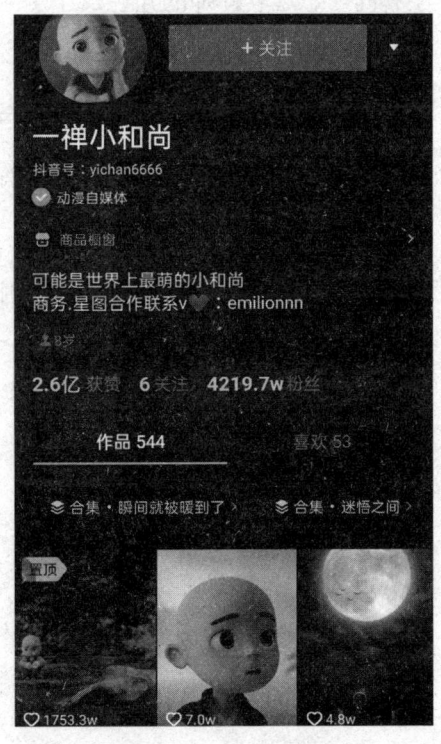

图6-1　一禅小和尚

不少短视频团队为了增加播放量而设法博眼球，从剑走偏锋一路小跑到歪门邪道的大有人在。对于他们而言，"一禅小和尚"是一面镜子。"一禅小和尚"的成功在于准确的市场定位、舍得投入成本制作精良画面，以及能让粉丝有所感悟的故事内容。

在各个短视频品牌中，"一禅小和尚"是一个与主流短视频文化相去甚远的"异类"。它没有跟风去做美妆、测评、搞笑等充满消费主义风气的喧闹内容，反而用3D动画短视频和禅语式心灵鸡汤给粉丝们带来一种远离喧嚣的清静氛围。

由于一禅的内容属性过于偏重心灵励志，因此很难直接跟别的产品产生商业联系。但这种反其道而行的策略依然大获成功。这归根结底是因为一禅小和尚与慧远老禅师的角色赋予了品牌灵魂，给了年轻的用户们一个寻找自我、重新认识自己的途径。

这个短视频品牌是通过人物角色的悲欢离合来品味人生的。一禅小和尚年纪很小，看起来很萌，但对人生有很多迷茫的地方，喜欢向师父问十万个为什么。

事实上，每一集中的烦恼与困惑与其说是一禅的，不如说是广大年轻人的。比如，在《习惯性原谅的下场》短视频中，师徒二人发表了一番感慨：

一禅："有些人，承认错误很快。"

师父："但犯错更快。"

一禅："你原谅他一次。"

师父："就等于原谅他无数次。"

一禅:"到最后,你习惯性原谅。"

师父:"他呢,习惯性犯错。"

一禅:"你们开始习惯性争吵、冷战,互相猜疑。"

师父:"最后一场恋爱,谈得筋疲力尽。唉……"

在视频的结尾,师父和一禅各扔出一张纸。师父在纸上写着"下不为例",一禅写着"呸"。这个短视频以碎片化的寥寥数语揭示了一个关于习惯性原谅的话题。在生活中遇到这种情况的年轻人会很自然地对视频内容产生共鸣,把自己代入视频的角色中,反思自己的处理方式是否妥当。从这个意义上说,一禅小和尚系列的短视频对用户也是"有趣也有用的内容"。

粉丝在观看短视频的过程中,会受到短视频文化潜移默化的影响。这些影响可能是积极的,也可能是消极的。

无论怎样,粉丝实际上是想从中寻找一种认同感。他们被短视频里的角色吸引,其实是因为从角色身上看到了自己的影子。这个影子一般是痛苦的。假如短视频最后给这个角色一个好结局,粉丝就会从中得到鼓励,在工作和生活中树立信心,不至于被负能量压垮。

总之,短视频团队在创作自己的品牌文化时,一定要认真研究受众群体的特点,做出让粉丝有代入感的故事和角色,让他们从中找到自我、重新认识自我,最好是能提升自我。这样的短视频文化才能让粉丝深爱下去。

专家提示

► 社交媒体的出现让人们更容易找到天南海北的"同类"。用户挑选短视频的过程,既是一个过滤信息的过程,也是一个寻找自我的过程。短视频中的故事和人物,会引发他们的共情,将其从现实代入虚拟的精神世界,获得心灵上的满足。反过来说,如果运营者不能把短视频内容升华为一种粉丝群体认可的文化,就很难留住粉丝。

如何让活跃粉丝愿意为你的产品花钱

▶ 短视频资讯

2020年货节淘宝直播主播的带货王第一名是"薇娅viya"。茅台酒是薇娅推荐的一个重要品牌。薇娅官方公众号于2020年1月9日中午发布消息,称将在当天晚上7点开始的直播中出售限量500瓶的飞天茅台。她这次是跟茅台的授权经销商酒仙网进行合作。在1月9日当晚,2000多万网友在线秒杀售价1499元的飞天茅台,原价2899元的500瓶飞天茅台瞬间售罄。

粉丝经营的最终目的是把短视频粉丝转化为我们的忠实消费者。不管采取什么样的变现方式,如果不能将流量人气变现,短视频营销就会宣告失败。粉丝经营更多的是用交朋友的方式来维持垂直社群的凝聚力。而在最后的营销环节,你要把自己当成一个给粉丝分享好产品和好服务的朋友,根据他们不同的消费心理来做有针对性的"友情推荐"。

1. 强调性价比

性价比是绝大多数消费者都关心的话题。关键不在于贵不贵，而是值不值，划不划得来。短视频营销团队在推荐产品或服务时可以着重强调性价比。需要注意的是，性价比不完全是客观的，在很多时候是受主观因素影响的。

粉丝也知道"一分钱一分货"与"物美价廉"往往相互矛盾，但还是会设法说服自己相信买的东西是划算的。他们对价格很敏感，对各种热销的产品感兴趣，并会寻找打折的时机下手。营销者往往也利用这点来推出一系列复杂的价格折扣。粉丝们买完东西后，可能会后悔自己又买了一大堆用不着的东西，发誓该"剁手"了，但下一次还是同样会选择购买。因为他们并不是追求真便宜，而是打折后性价比提升带来的"占便宜"的感觉。

2. 利用尝鲜心理

有些粉丝追求新潮时髦的产品或服务，会在朋友圈里发照片炫耀。促使他们消费的是尝鲜心理。人人都有一定的尝鲜心理，只不过需求点存在诸多差异。假如我们推荐的产品和服务能满足其尝鲜心理，就能获得较多的收益。

产品或服务测评类短视频和直播带货节目，在很大程度上就是针对人们的尝鲜心理而创作的。通过短视频的展示，粉丝可以比较完整地观察到相关的新产品或新服务的全貌。虽然这跟自己的亲身体验还是有一些差异，但已经足够让许多人做出购买决定了。

3. 突出便利性

在互联网社会中，时间价值在不断上升。特别是人们的注意力呈碎片化趋势，对生活的便利性要求有增无减。各种给人带来方便的产品、服务和生活经验，都会受到大众的青睐。用短视频做营销时，可以从提高生活便利性这个切入点来说服粉丝下单。

我们可以根据产品或服务的特点来制作短视频，把各种生活不便在短视频中一一展现出来，然后再将如何利用该产品或服务来解决不便的细节介绍清楚。两相对比，戳中用户的痛点，让用户体会到消费后带来的便利性。最后在短视频末尾留下二维码或者购物链接，让用户以最方便快捷的方式完成一键下单购物。

4. 宣扬个性

个性化消费是互联网社会中的一股潮流。随着社会经济的发展，产品种类日趋丰富，消费价值观也呈现出多元并存的状态。人们通过社交媒体分化出一个个垂直社群，社群成员有着相似的价值观、消费偏好和小众文化。能够突出其个性的产品或服务，会受到社群成员的欢迎。他们就是想要不一样的个性化消费，标榜自己的个性，将自己和其他人、其他群体区分开。

为此，立足于垂直社群的短视频营销应该高度重视粉丝的审美口味、消费能力和生活需求，围绕这些来推荐符合粉丝个性追求的产品或服务。这不仅能给粉丝带来更多的满足感，也有助于短视频垂直社群的品牌文化建设，通过树立群体文化来巩固营销的市场占有率。

专家提示

▶ 把粉丝转化成消费者,需要一个过程。欲速则不达。因为现在的营销套路太多了,粉丝在各路商家的狂轰滥炸之下,越来越反感赤裸裸的营销。先培养交情,再谈生意,才能得到粉丝的认同。急于从新粉丝那里变现价值,不是明智的做法。运营者应该把转化的重心放在成熟期的粉丝身上。

第七章 用数据分析优化短视频传播效果

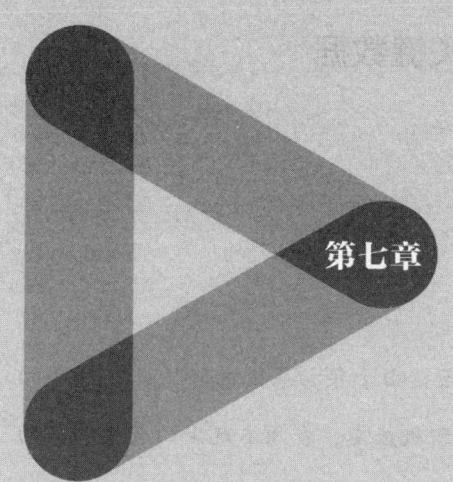

如果没有可靠的评估标准,那么我们根本无法了解一条短视频的传播效果究竟如何。在各种评估标准中,数据是最客观和最直观的。做短视频营销离不开大数据思维,凭经验和直觉做决策是不可取的。因为数据反馈结果很可能与你的初始设想存在差距。通过数据分析,我们能清楚地了解短视频运营的状态和受众的接受程度,并以此为基础优化短视频的传播效果,提高短视频品牌的影响力。

评估短视频内容效果的九个关键数据

▶ **短视频资讯**

春节是短视频的一个重要营销节点。由于年初暴发的疫情，2020年的春节比往年冷清许多。但是短视频行业积极应变，在原本既定的营销环节的基础上又采取了新措施。比如，快手与央视合作推出了大屏和快手小屏的"双屏看春晚"模式。与往年相比，2020年鼠年春晚的收视率有了明显的增长。在点赞中国年的春节营销活动中，快手春晚直播间的累计观看人次多达7.8亿，红包站外分享超过5.8亿的春晚红包，互动总量多达639亿。这是春晚史上视频点赞的最高纪录。

人人都知道大数据思维重要，也认为数据可以反映短视频传播的效果。但是，并非所有的数据都有价值。如果不明白每一项数据的意义，运营者就无法从中分析出有用的情报，也搞不清下一步工作的重点在哪里。接下来，我们将逐一介绍评估短视频内容效果的9个关键数据。这些数据通常是由短视频平台系统自动统计生成的。

1. 推荐量

推荐量是一个很重要的数据，它标志着你的短视频被推荐给多少个用户。推荐量越高说明短视频的人气越高，也表明大众对短视频内容质量的认同感越高。这也意味着你的短视频有更多的机会被更多用户看到。那些推荐量低甚至没有被推荐的短视频，则会石沉大海。

推荐量不是凭空产生的数据，而是由平台系统经过多方面考虑得出的评估结果。由于不同的平台系统在评估规则上存在区别，所以同一条短视频在抖音、快手、西瓜视频平台上的推荐量可能会出现较大差异。

影响推荐量的主要因素有短视频内容的用户关注热度，以及短视频账号在最近一段时期内发布内容的情况。运营者在连续发布了几个人气火爆的作品之后，就更容易得到较高的推荐量，为后续作品积攒大量人气。

2. 播放量

播放量指的是短视频被多少个用户点击观看的数量。具体视频的播放量可以细化为昨日播放量、昨日粉丝播放量和累计播放量等。昨日播放量是指昨天有多少个用户观看了某一短视频。昨日粉丝播放量是指昨天有多少个关注你的粉丝用户观看了该短视频。累计播放量就是把每天的昨日播放量累加起来的总和。运营者可以用自己的账号管理功能清楚地查看短视频的各项播放量数据。

用户在首页看到你的短视频时不会被计入播放量，只有点击打开视频观看后才能算入播放量。假如你的短视频不够吸引人，就无法有效提升播放量。从这个意义上讲，播放量是衡量短视频内容受欢迎程度的一个重要的直观指标。

3. 平均播放进度和跳出率

平均播放进度是指所有观看短视频的用户对该视频的平均播放完成度。换句话说，该数据显示的是用户一般看到进度条的百分之几就会关闭视频。跳出率则是指在所有观看视频的用户中有多少播放时长小于3秒的用户占比。也就是说，该数据反映了有百分之几的用户点开视频就马上失去兴趣，于是选择了退出。

当某个短视频的平均播放进度较低而跳出率较高时，这说明许多用户只是被这个短视频的标题和封面吸引进来点击播放的。他们一点开就发现视频内容跟自己的预期相差甚远，便放弃继续观看了。如果运营者发现这个现象，就要提高内容本身的质量，不能只靠标题和封面来吸引用户。

平均播放进度和跳出率的高低会影响短视频初始推荐量之外的推荐量。更糟糕的是，平均播放进度较低而跳出率较高的短视频容易被平台系统依算法规则判定为"标题党"，从而根据这个判断结果减少该视频的推荐量。所以说，以次充好的标题党策略在各个短视频平台越来越难以生存了。

4. 播放时长

播放时长就是视频播放的时间长度。播放时长具体细分为累计播放时长、每日播放时长、具体视频的播放时长，以及平均播放时长等类型。其中，累计播放时长和每日播放时长针对的是平台发布的全部视频。前者反映了该平台上的用户总共花费多少时间来观看某个账号发布的全部视频，后者反映了用户每一天具体花费多少时间来观看某个账号发布的全部视频。具体视频的播放时长代表着用户观看某个视频的时间长度。如果用这个播放时长除以播放次数，就能得出平均播放时长。平均播放时长就是所有观看用户平均用了多少时间观看该视频。

没人有耐心把自己不感兴趣的视频从头看到尾，哪怕那个视频非常短。因此，播放时长数据能比较准确地反映出视频内容对用户是否具有足够的吸引力。运营者可以把平均播放时长和平均播放进度结合起来分析，找出用户通常会在什么时间点离开，该时间点的哪些内容是造成用户离开的原因。这样就能有针对性地改进短视频内容，提高播放时长数据。

5. 收藏量

收藏量反映的是有多少个用户在观看短视频后会将其放入自己的收藏夹。这说明用户觉得该视频的内容非常有欣赏价值，想收藏起来以后再看。某个短视频的收藏量越大，说明"回头客"越多，视频内容也越吸引人。

因此，提高每个视频的收藏量是短视频运营者的一个努力方向。要做到这点，除了提升视频内容的质量外，还要想办法提高短视频的推荐量和播放量。这两个数据永远高于收藏量，它们的基数越大，收藏量才能水涨船高。总而言之，我们要想办法让用户在观看后认为该短视频确实有收藏价值。

6. 转发量

转发量指的是有多少个用户在观看短视频后将其转发出去，分享给更多的人。用户把短视频分享出去的原因，可能是认为短视频内容是其他人也用得上的，也可能是认为短视频内容跟自己的价值观合拍。无论怎样，他们创造的转发量对传播短视频意义重大。

虽然转发量和收藏量都是衡量短视频内容价值的标杆，但两者还是有所区别的。相对于收藏行为，转发行为更多是基于内容价值的普适性，而不完全是个人喜好。收藏行为则是以个人喜好为主要动机。

运营者若想提高转发量，可以从三个方面入手。第一，推出幽默搞笑的内容，让用户的大脑中能产生更多的多巴胺（能让人感到开心的脑内分泌物）。第二，炮制引发用户好奇心的新鲜事物。第三，在短视频中旗帜鲜明地阐述自己的观点和立场，以吸引拥有同样观点和立场的用户群体。

7. 点赞量

点赞量可以说是评估短视频内容最重要的数据。因为转发的人可能是为了表达反对意见而转发。用户只有认可内容才会点赞。有时候，用户不转发、不评论、不收藏但是会点赞，这样的行为恰恰表明他们是真心认可你的短视频内容。

点赞行为可能是基于共同的观点和立场，也可能是基于某种情况，还可能是单纯对正能量的一种支持。无论怎样，点赞数越多说明你的短视频越成功。短视频账号的点赞数和具体短视频的点赞数是两组数据，但都是多多益善。运营者会发现，自己有些短视频点赞数很多，有的却无人问津。这时，运营者就可以看出用户究竟对哪些内容感兴趣。接下来，运营者就可以按照用户认可的方向做调整。

8. 互动量

互动量主要指的是短视频被多少个用户评论过。评论数就是互动量。一般来说，互动量越大的短视频流量越大、人气越高。但需要注意的是，评论数跟点赞数不同，好评和差评都会被统计进去。所以有些短视频运营者会故意做一些有争议的事情，通过引起骂战来提高自己的互动量，从而得到更多的流量。

我们在做短视频营销时，不能只是片面地分析互动量，还要多看具体的评论。看看最新评论和最热评论，从中分析出用户的主流意见和态度。尽可能地增加好评，减少差评，这样才能让短视频品牌真正受到大众喜爱。

9. 播放完成度

播放完成度指的是用户观看本视频的时间占整个视频播放时间的比重。有的用户只看了一小段就离开了，有的用户看了一半才退出，还有的用户看到视频快结束才退出或者从头到尾看完了。这些不同的情况可以按照播放完成度划分为几个不同档次的区间。比如，完成度20%以下、完成度20%～80%、完成度80%以上。视频根据每个用户的实际观看情况来归入各个区间。

播放完成度与平均播放进度的联系十分密切。后者是所有观看用户对该视频的平均播放完成度，是各个区间的播放完成度的平均值。运营者要做的就是尽可能地提高广大用户的播放完成度，让更多人能看完80%以上的内容。

▶ 这九个关键数据要综合起来看，才能比较全面、客观地评估短视频播放效果。因为有的短视频可能播放量多，但播放时长短，播放完成度不高。而另一些短视频可能点赞量和收藏量较高，但转发量和评论数少。这些不同的数据反映了用户的行为差异，短视频运营者要弄清楚造成这种差异的具体原因。

分析类似题材短视频的数据指标

▶ 短视频资讯

　　微播易发布的《2020年1月短视频行业动态报告》称："对整个自媒体行业而言，春节期间，受疫情影响，全民宅家进行娱乐活动，刷手机频次显著提高。但自媒体也要回家过年，部分内容创作受限，发文数略有下降，活跃度不及以往，供求之间矛盾凸显，但这也给了新内容新创作者更多曝光机会。从各大平台的角度看，抖音粉丝高增长比例较大，其次是B站；抖音、快手互动意愿涨幅较大；抖音、B站达人活跃度依旧；小红书受时局影响较弱，内部变动小。抖音、快手上账号的互动意愿上涨最快，B站、微博保持较好稳定性，抖音两极分化现象相对严重。"

　　由上述信息可知，各大短视频平台在运营策略上存在差异，流量数据也呈现出不一样的变化特征。其实，不同类型的短视频本身没有太多可比性。那些由类似题材的短视频产生的营销数据，对短视频运营者的启迪意义更大。

大家做的题材相近，但有些短视频的流量增长很快，另一些短视频的流量涨幅很小，其中的奥妙何在呢？我们通过分析以下三个类似题材短视频的数据指标，可以看出一些端倪。

1. 具体内容造成的差异

即使做同类题材的短视频，每个运营者的构想也是千差万别的。有了差异就会有比较，有了比较就会分出高低。用户自然是会寻找那些创意别具一格、视觉效果令人耳目一新、内涵深刻的同类短视频，忽略那些相对逊色的作品。按照短视频平台的推荐方式，播放次数越多的短视频作品越容易得到更多推荐，被更多用户看到。强者越强、弱者越弱的马太效应在这个行业表现得比其他行业更为明显。

这就要求我们在创作短视频时要不断提升内容的质量和特色，做出一些能打动大众内心的好内容来。所以，当同类题材作品的内容高度雷同化时，我们不妨打破常规，反其道而行之，推出风格不一样的作品，增强内容的趣味性和实用性。这样一来，就有望获得更多的热度，数据上也比同类短视频更好看。

2. 文案水平造成的差异

不少短视频运营者把制作内容的重心放在了拍摄手法和对滤镜、背景音乐的选择上。假如你的短视频有养眼的视觉效果，却没有获得预期的流量，那么问题很可能是出在文字部分。短视频是文字、图像、音乐等元素共同构成的艺术。哪个环节技不如人，都会对短视频的传播效果造成显著的影响。

爆款短视频的文案水平往往比同类题材短视频高一大截。我们不妨看一看春节期间关于疫情宣传的爆款短视频《武汉莫慌，我们等你》的文案（节选）。

不吵,不堵车

晚上7点,像凌晨3点

武汉,像被按下了暂停键

热闹被病毒藏起来了

每个人和每个人

都隔开很远

还有多久才能脱下口罩

面对面问一声

吃了没?

疫情从武汉到全国

支援从全国到武汉

你看,爱和希望比病毒蔓延得更快

每一种爱,都刻进武汉的心脏

他们不顾生命地保护我们的生命

只有一个目的

把武汉还给我们

把我们还给武汉

别怕,再等一等

…………

图7-1 疫情宣传文案

这则短视频的文案从武汉的街景开始讲起,"武汉,像被按下了暂停键"这句话直击人心。接下来讲述了人们在疫情中遇到的生活不便,以及全国众志成城共同抗疫的决心,最后以"武汉莫慌,我们等你"收尾。整个文案既说明了形势,又传递了人文关怀,一下子就抓住了大众的心。

3. 互动方式造成的差异

爆款短视频不仅在制作细节上超出同类题材作品,在互动方式上也有高明之处。互动量对短视频流量至关重要。如果许多用户都愿意积极参与互动,那么你的短视频数据自然会获得成倍的增长。

为了在互动上获得竞争优势,短视频运营者可以从两个思路着手。一个思路是设置有互动性的标题,比如用"如果是你,会怎么办?"之类的标题,直接向用户提问,引导他们去思考和发表自己的意见。另一个思路是在评论区里多跟用户互动,及时回复粉丝留言,每一个回复都要回得精辟、精彩、精当。这样才能让用户更喜欢跟你互动，平台系统也会根据你的评论量来提高流量推荐。

总之，我们在分析类似题材的短视频相关数据指标时，要重点研究其主题切入点、文案和互动情况。此外，即使是同一条短视频，在同一时期的不同平台上可能也会产生不一样的数据。这跟发布平台的定位、用户类型有很大关系。

 专家提示

▶ 短视频营销不仅仅是在搞创作、做推广，而是一个可循环、可复制、可持续的盈利手段。我们每完成一次短视频营销活动，都应该及时做复盘。从反馈结果中找出当前存在的问题，包括短视频本身的问题、团队协作的问题、创作方向的问题、投入和产出的问题，这些都应该在复盘中全部罗列出来。若只是单纯地比较结果，则意义不大，无助于改进营销细节。

分析别人的短视频为何能成为爆款

▶ 短视频资讯

微博美食视频博主"请叫我蘑菇娘娘"在2020年2月18日发了一个名为《外焦里嫩的炸牛奶你要不要试试？》的短视频，展示了炸牛奶这种食物的做法。该视频上了微博视频的热门推荐，其播放量在短短几天内增长到了34.8万。然而早在2月17日，"美食作家王刚"发布的烹饪教程短视频《厨师长教你："炸鲜奶"的家常做法，口感外酥里嫩味道很赞》已有134万的播放量。

王刚的短视频明显比"请叫我蘑菇娘娘"的人气高。可以说这是因为他早一天发布视频占了先机。可是，为什么更早上传同类短视频的人不能成为爆款呢？这就需要从更多角度探寻原因了。

在经济学中，有个词叫"竞争壁垒"，简单地说就是"我有你没有"的特质，而这种特质就是一个产品最有价值的部分。每一个爆款短视频都存在某种"竞争壁垒"。我们可以借助竞品分析模型来找出其"竞争壁垒"究竟在何处。

1. 竞品分析模型

竞品分析模型的具体内容如下。

（1）定位竞品

定位竞品包括竞品内容、竞品定义四要素和竞品分析方法论三个部分。

①竞品内容

- 用户习惯。
- 核心价值。
- 延伸服务。
- 功能拆分。

②竞品定义四要素

- 竞品分级。
- 基础架构。
- 策略分析。
- 发展潜力。

③竞品分析方法论

（2）竞品优缺点

从产品角度和开发角度展开自检自查。

①产品角度的检查内容

- 产品定位。
- 目标人群。
- 核心功能。

- 交互方式。

②开发角度的检查内容

- 信息架构。
- 产品架构。
- 运营策略。
- 差异化。

（3）还原竞品

还原竞品是为了考察竞品在市场中的实力。

- 战略定位。
- 范围覆盖。
- 产品竞争。
- 用户/盈利。

（4）实施计划

实施计划主要是从以下方面分析产品比重。

- 价格性价比。
- 功能性价比。
- 用户体验比。
- 配套服务比。

2. 做竞品分析的流程

运营者做竞品分析的流程分为以下步骤。

（1）明确竞品分析报告的阅读对象

你现在制作的竞品分析报告是给谁看的？究竟是给所有团队成员看的，还是给团队运营总监、艺术总监或者剪辑师看的？这个问题看似无关紧要，其实不然。不同的团队角色想了解的竞品情况不尽相同。比如，运营总监对竞品的市场定位和运营策略更感兴趣，而对短视频竞品的创意和后期制作就不那么在意。竞品分析报告应该根据阅读对象的需要来有所侧重，不必一股脑儿地把所有信息数据都加上去。

（2）给竞品划分等级

我们可以根据同类短视频在细分市场中的重叠程度来对竞品进行分级，将影响力最大的算作爆款竞品（也称核心竞品），影响力与己方短视频大致相当的是间接竞品（也称一般竞品），影响力较小但成长速度较快的是潜在竞品。其他的同类短视频就可以忽略不计了。通过竞品分级，运营者可以快速锁定自己的主要竞争对手，长期跟踪分析其发展状况，从而及时准确地把握竞争对手的状况。

（3）收集爆款竞品资料

分析包括爆款短视频竞品的产品定位、品牌理念、核心功能、目标受众特征，研究竞品究竟满足了目标受众的哪些痛点需求。弄清爆款竞品的行业发展现状、市场分布情况和营收情况。分析其商业模式的关键点，包括运营策略、盈利模式、市场布局、发展战略等。

（4）对比己方短视频作品和竞品的优缺点

完成上述分析之后，对比己方短视频作品和爆款竞品的优缺点，找出我们与竞争对手之间存在哪些差异和差距。运营者在认清爆款竞品的优势后，接下来要思考以下几点。

- 爆款竞品的哪些优点是我们也拥有或者可以实现的。
- 哪些方面是我们所欠缺且急需大力改进的。
- 哪些方面暂时不需要考虑改进。
- 哪些方面是无论如何努力都赶不上的。

只要把这些问题梳理清楚,短视频运营者就知道自己下一步该如何缩小与爆款竞品的差距了。

专家提示

无论做什么产品的营销,竞品分析都是必不可少的。竞争对手的短视频好在哪里,不足在哪里,为什么火爆,都应该认真研究。做竞品分析应该是一个持续的过程,不可能一劳永逸。因为你在绞尽脑汁地制作有竞争力的原创短视频时,你的竞争对手和潜在竞争对手也在努力。短视频行业并不是先红的就能笑到最后,其中变数很多,所以应当保持一颗积极求变的心。

搞懂推荐算法,提高短视频的推荐量

▶ 短视频资讯

2019年7月19日,《人民日报》发表评论文章《短视频流行怎么看——算法推荐要突出价值观引领》。文章中提到:"刷短视频,刷到停不下来,这是电影、电视等传统媒介形态所不具备的'魔性'。与此相关,算法推荐的道德伦理是移动互联网时代不能回避的关键问题。算法推荐应强化价值观引领,相关互联网企业不能以所谓技术中立之名,逃避应尽的社会责任和社会义务。"

短视频平台都是通过推荐算法来分发内容的,不同的平台使用的推荐算法存在差异,属于商业机密。每一个短视频用户发布的每一个视频,都会收到平台系统反馈的数据。这些数据也是由推荐算法产生的,并且会影响该视频的曝光率。也就是说,如果我们能弄清各个平台推荐算法的规律,在此基础上优化短视频内容,就有希望获得更高的推荐率。

1. 平台系统的算法推荐

由于发布短视频的用户成千上万,短视频平台不可能靠人工审核来完成对每一条短视频的分发推送,因此依靠系统的智能化推荐是必然措施。这就是推荐算法存在的意义。各平台的推荐算法虽然各有特色,但在基本流程上殊途同归。

步骤一:审核与筛选

审核的内容包括用户上传的短视频的内容、文案和标签等。系统审核要剔除一些违法的、敏感的、不符合平台要求的内容,这样筛选出的视频才能公开展示出来。

步骤二:少量推荐

经过筛选的短视频内容会被系统随机推荐到少量带有符号标签的用户的界面上。他们点击播放后会形成一些反馈数据。这些数据会自动反馈给平台,然后平台根据推荐算法进行下一步的推荐。点赞量、播放量、转发量、评论量高的短视频更容易被平台再次推荐。反之,短视频则会迅速沉没在海量的短视频中,更难被用户看到。绝大多数短视频会止步于此。

步骤三:大量推荐

只有少数从少量推荐中脱颖而出的比较有特色的内容才会得到大量推荐的机会。少量推荐相当于一个小范围测试,看看用户是否对该视频感兴趣。只有通过这个测试,平台的推荐算法才会将该视频分发给大量用户看。大量推荐意味着更多的曝光率和播放量。那些爆款短视频就是这样产生的。

步骤四:重复

平台在收集海量数据之后,又会不断完善自己的推荐算法机制,然后在上述三个步骤中循环往复,不断寻找适合大量推荐的新爆款短视频。不过,平台推送也是可以被人工干预的。一般来说，平台会给那些头部网红优惠政策，作品只要通过审核与筛选就能直接进入大量推荐环节。

2. 对推荐量有影响的数据维度

为了获得更高的推荐量，我们需要根据8个数据维度来优化自己的短视频内容。具体情况如下。

（1）账号活跃度

活跃度反映的是短视频账号产出内容的数量和频率。假如长时间不更新，你的短视频账号活跃度就会降低，存在感也随之下降。所以，我们最好能保持频繁更新，在较短的周期内推出新的优质原创作品。

（2）内容原创度

原创度指的是短视频创作者提供的是自主原创内容，而不是对其他成品的再创作内容。原创度越高，短视频越容易形成个性特色，也更容易被平台推荐。如今各大平台都在加大原创内容保护力度和扶持力量，以解决内容质量参差不齐和用户审美疲劳等问题。

（3）内容垂直度

垂直度简单说就是，你发布的内容是否专注于某个垂直的专业领域。假如你除了发布垂直领域的内容外，还发了其他领域的短视频，内容的垂直度就会降低。如果垂直度过低，你就会被同一领域中其他更专注于垂直内容的短视频创作者比下去。

（4）内容健康度

内容健康度用来评估短视频是否存在涉嫌违规、违法、抄袭、传播有害信息等行为。各短视频平台此前由于不重视内容健康度，引发了一些争议，被国家责令整顿。假如内容健康度达不到要求，短视频就会被用户举报或者被系统识别后处理，不予继续曝光。

(5) 互动、喜爱度

互动、喜爱度反映的是用户是否欢迎你发布的内容。鼓励用户对短视频内容进行转发、评论，及时回复用户的优质评论，及时删除某些尖刻的负面评论，有助于提高互动、喜爱度，得到更多推荐机会。

(6) 播放维度

播放维度即收视率，其衡量指标正是短视频的播放量，这个数据跟推荐量成正比关系。

(7) 用户转化度

用户转化度是用户对短视频内容认同程度的最直接指标。用户在点击播放短视频后会主动加关注，并成为你的粉丝。转化度越高，短视频越容易获得推荐。

(8) 粉丝维度

粉丝维度反映了短视频品牌的整体影响力，也是平台重点关注的指标。短视频对粉丝的影响力越大，越有可能得到大量推荐。

3. 不同短视频平台推荐机制的差异

我们在此了解一下抖音、快手两大短视频平台的推荐机制，以便争取到大量推荐，优化短视频的传播效果。

(1) 抖音推荐机制特点

抖音平台的推荐算法采用的是"去中心化"的方针。短视频创作者在微信和微博上发布内容时，如果没有粉丝就会无人问津。粉丝多的账号哪怕发的内容很水，也会产生很大的流量。但抖音平台不同，无论短视频内容优劣，只要符合审核标准就能在发布后得到一定的播放量，进而给广大"小透明"创作者也提供了一定的曝光机会。

简单说,抖音推荐机制就是通过算法给每个用户分配一个流量池,流量池根据点赞量、评论量、转发量、完播率等指标推荐内容。只要用户在这个流量池中表现出色,就会被推荐给更多的用户看。所以,抖音新用户在起步阶段可以发动身边的亲朋好友帮忙点赞、评论、转发,这样就能较快获得更大范围的推荐。

(2)快手推荐机制特点

快手平台的推荐机制跟抖音截然不同。在快手平台通过发起多人互动来刷流量并不能帮助你的短视频成为热门。这是因为快手想通过这种机制来反对那种用水军刷流量的作弊手段。快手的推荐机制主要依靠短视频的播放量和完播率。换言之,其推荐算法着眼于筛选用户真正认可的短视频内容。

每个新视频都会被平台随机分送给少数首批用户,如果首批用户的播放量和完播率较高,平台就会再将该视频推送给更大规模的用户。假如用户只是随便点击一下就关闭,完播率提不上去,那么作品也不会获得更多推荐。快手平台就这样一轮一轮地筛选推送,以确保用户看到的确实是受欢迎的优质内容。

- 由于推荐机制的不同,各个平台上增加短视频推荐量的诀窍是有区别的。比如,抖音是根据点赞量、评论量、转发量和完播率四个标准来推荐短视频的。发动更多人来互动可以提高抖音平台上的短视频推荐量,但这种方式在快手平台上的用处不大。因为快手根据播放量和完播率来决定是否推荐该短视频,跟多少人参与互动没有关系。这些都是运营者应当注意的营销细节。

从数据中发现优化短视频传播效果的规律

▶ **短视频资讯**

截至2020年2月14日,卡思数据在抖音平台上搜索关键词"冠状病毒肺炎",搜到了上百个相关话题。光是以"新型冠状病毒"为关键词的视频就有29.7万个,实现了多达218亿次的播放量。涉及"新型冠状病毒肺炎"话题的视频多达1.4万个,播放量多达8.3亿次。其中,"回形针"创作的《关于新冠肺炎的一切》的短视频在春节期间爆红,短短两天内就获得了超过1亿的全网播放量。

许多短视频网红团队在疫情期间纷纷调整了短视频的内容,尽可能地跟疫情话题挂钩。有的科普防疫知识和居家生活小常识,有的通过直播带货等形式帮助因疫情受经济损失的农民打开销路,还有用幽默搞笑或者正能量的视频缓解用户们的焦虑心情。上面的数据,就是在这种背景下产生的,而且只会继续增加。

根据数据分析结果来积极转向,是各个短视频网红团队的精明之处。我们做短视频营销时也应该像他们一样，从数据中找出优化短视频传播效果的规律，改善短视频内容的细节。比如以下几个实用经验，就是从无数短视频数据中总结出来的。

1. 设置长度较长的标题

标题决定了短视频能否被系统准确地分发推送给你的目标受众。传播效果的提升首先要从标题开始。关于标题的构思，我们在前面的章节中有所提及。这里要讲的是一个容易被忽略的细节——标题的长度。

短视频标题的长度，以20~30个字最为合适。为了方便用户在APP上观看，可以将其控制在26个字以内。当然，这并不意味着我们必须每次都取这么长的标题。有些头部网红的短视频标题可能少于20个字，有的在20个字左右。这跟创作者的具体风格相关。但一般来说，26个字以内的标题更容易完整地表达你想传达的信息，另外，还可以将标题设置为前半句介绍本期的内容，后半句揭示该内容的亮点、痛点或者槽点所在。

2. 设置系统易推荐的关键词

各个平台的推荐算法不一样，但都无一例外地会采用抓取关键词的手段。我们设置的关键词越是容易被系统的推荐算法识别抓取，我们的短视频作品就越容易被精准地推送给对该关键词感兴趣的用户，从而得到更高的推荐量。

关键词主要体现在短视频标题与话题标签名称当中。我们设置关键词时要注意与内容相符，而且要明确易懂，不能凭感觉自己胡乱发明生僻词。假如你想不到脍炙人口、便于记忆、令人拍案叫绝的关键词，那就选择大众化关键词。因为大众话题无论在何时都能获得一定的点击率。尽管很难出现爆款,但聊胜于无人点击。

3. 设置吸引用户注意力的高频词

高频词指的是短视频标题中最常用的词汇。这些高频词的使用率很高,是因为其很容易吸引用户的注意力,比一般的词语更容易带来高点击量。我们在给短视频拟定标题时,可以选择以下五类高频词。

阿拉伯数字类词语直观简洁,在一堆汉字中很容易被看见。而且数字类词语的内容能够给人一种清晰明确的感觉,更有逻辑说服力。在一般情况下,数字越大的标题越显眼,当然具体数字要跟内容相符。

矛盾类词语会让人产生一种好奇心,用户期待从短视频中找到矛盾产生的原因和解决矛盾的办法。这种高频词的运用技巧在于给用户带来疑惑。

带有挑战意味的词语,比如"你敢吗""能不能",会激发用户的挑战心理,用户想去看看短视频中的内容是否真有创作者说的那么出色。这类高频词的风险是内容远不如标题有趣时,用户没有耐心看完,完播率不会很高。

痛点类词语会唤醒用户在工作、生活中遇到的痛点。他们会迫切希望能从短视频中学到解决方法。所以我们在使用此类高频词时,短视频的点击率往往会产生质的飞跃。

4. 设置吸引用户的封面

我们浏览短视频时,第一印象就是该视频的封面(和封面上的标题)。封面是否吸引人,对短视频的播放量有直接影响。有些内容本来不错的短视频败在了封面上,错失了成为爆款的机会。

为了避免这种状况,我们在做短视频封面时,应该注意将封面与内容密切结合，而且要跟标题相呼应，让用户一看就觉得图像应景。封面的画面应该很精美或者很有冲击力，让人的眼睛舍不得移开。此外，需要注意的是，短视频的封面万万不可出现水印和广告，因为这样会大大降低用户的观看体验，成为阻断短视频传播的杀手。

 专家提示

▶ 如何设置关键词和高频词，对提高短视频传播效果有极大的影响。有时候，运营者绞尽脑汁想出一个自己认为很有趣、很能打动人心的短视频标题和文案，可最终效果却不如预期。这很可能是因为标题和文案中未能包含明晰的关键词和高频词，进而没有被平台推荐算法搜索到。因此，我们最好在事前就围绕关键词和高频词来创作标题和文案。

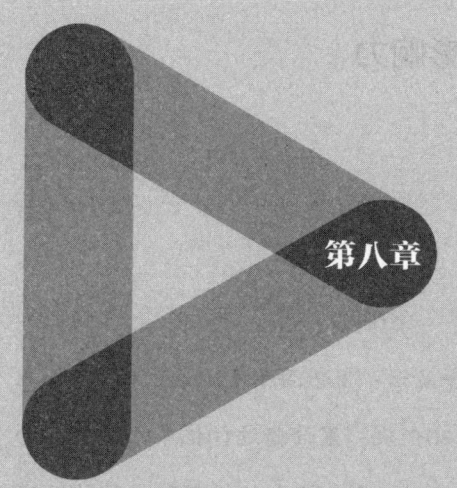

第八章 打造能引发社群共识的IP品牌

"强者越强，弱者越弱"的马太效应在短视频领域表现得尤为明显。互联网上每天都会上传无数新的短视频。缺乏亮点者无人问津，很快就会被淹没在信息大潮当中。已经形成IP品牌的短视频则会瞬间引来数以万计的"吃瓜群众"，获得巨大的影响力和号召力。为此，我们必须设法打造一个能引发社群共识的IP品牌，让自己的短视频获得更持久的生命力，产生更多的价值。

如何评估一个短视频品牌的影响力

▶ 短视频资讯

  根据快手大数据研究院发布的报告显示：2020年1月20日至1月31日期间，快手肺炎防治频道的点击量突破了30亿次；累计超过10亿人次观看疫情直播，政务号发布的内容播放总量高达250亿次。快手短视频肺炎防治频道影响力可见一斑。

  在有些人眼中，品牌影响力看不见摸不着，比不上真金白银有价值。这样想就错了，因为短视频最终是靠流量变现的，它能给运营者带来更多的真金白银。所以提高品牌影响力是每个短视频运营者的志向所在。如何评估一条短视频的影响力大小呢？我们可以从以下几个方面进行分析。

1. 显示后访问量

  显示后访问量指的是在观看视频的过程中或者看完之后对里面提到的企业、品牌和产品进行搜索和访问的用户数量。通俗地说就是有多少个用户在看完短视频后会真正地去寻找短视频中宣传的企业、品牌和产品。

当然,这里的"观看完之后"是指观看视频后促使用户访问的有效时间。简单说,用户观看完短视频后很快就去寻找相关信息,才能算入显示后访问量。如果用户是隔了十天半个月才突然想起,心血来潮去搜索一下,就不能算入显示后访问量。

用户是否有意愿了解更多的品牌信息,从显示后访问量的多少可以看出端倪。显示后访问量越多,就说明对品牌产生兴趣的用户越多。这意味着短视频营销的效果越好。有些短视频虽然有很高的转发量、收藏量和点赞量,但用户只是对短视频的创意内容感兴趣,而对创意中包含的品牌信息没什么兴趣。这时,显示后访问量也会相对较低。

2. 品牌熟悉程度

按照短视频营销的套路,观看短视频和顺着视频内容搜索信息都是用户了解品牌和产品的过程。用户观看短视频的次数越多,搜索的产品信息越多,对品牌的熟悉程度也越高。用户对品牌熟悉程度大致可以分为以下类型。

- 用户排斥品牌,不会为此消费。
- 用户对品牌一无所知。
- 用户对品牌有一定的认知。
- 用户在多个品牌中愿意选择该品牌。
- 用户宁愿付出更多代价也要坚持选择该品牌。

对于运营者来说,用户的品牌熟悉程度自然是越高越好,但也要注意另一个问题。随着业务的发展，品牌旗下的产品会越来越庞大，形成一个体系。用户可能只熟悉品牌的一部分产品，对其他产品兴趣不大。这里面隐藏着待开发的营销潜力。运营者应该在制作短视频时想办法让用户对品牌有更加全面深入的了解。

3. 品牌喜好程度

品牌喜好程度比品牌熟悉程度还要高一个层次。对短视频品牌一无所知的人自然是无法产生好恶的。熟悉品牌的人则可能喜欢也可能讨厌。通常而言，人们的品牌喜好程度可以分为非常喜欢、喜欢、一般、不太喜欢、不喜欢等5个档次。

"非常喜欢"和"喜欢"意味着用户愿意选择该品牌，并且有较高的品牌忠诚度。"一般"代表用户对品牌的态度是可有可无，运营者的短视频如果做得吸引人，还可以尝试看一下。"不太喜欢"说明用户在还有其他选择的情况下不会考虑该品牌的产品。"不喜欢"说明用户不会考虑该品牌的产品。

品牌喜好程度主要受以下因素影响。

- 用户对该产品的整体评价。
- 用户平时使用产品的体验。
- 产品本身的市场定位。
- 产品包装后的品牌形象（包括短视频宣传中的品牌形象）。

我们做短视频营销时，不能让短视频脱离这些因素，否则用户很难把短视频和品牌联系在一起。

4. 用户购买意愿

用户观看短视频后被某个兴趣点吸引,从而产生了访问行为。在了解了品牌的具体情况后产生了品牌喜好。品牌喜好发展下去就会产生购买意愿。话说回来,用户从喜好一个品牌到产生购买意愿并不是一蹴而就的,需要一个过程和一些条件。其中最重要的条件是产品是否是用户真正需要的和用户是否觉得物有所值。而用户产生购买意愿要经过以下4个步骤。

- 短视频的标题和封面吸引用户点击播放。
- 用户观看短视频后,认为品牌内容符合自己的兴趣。
- 短视频宣传的品牌和产品能够满足用户的需求。
- 用户权衡价格、售后服务等因素后认为产品值得购买,并付诸行动。

用户产生购买意愿的过程,也恰恰是短视频营销流量变现的过程。短视频营销的落脚点就是尽可能地让更多的产生品牌喜好的用户转化为消费者。

5. 品牌联想度

品牌联想度指的是用户在接触到与该品牌相关的信息时能否联想到这一品牌。假如别人一提到某个行业或者某类事物,用户马上联想到你的品牌,就说明你的短视频已经把品牌形象深深地刻在了用户的脑海里。

当然,要想获得这种出众的品牌影响力,是需要经过残酷的市场竞争的。运营者无法保证每个短视频都能受到大众的热捧,只能尽力把自己的品牌打造成同类品牌中的佼佼者。这样才能让用户把你的品牌视为代表一个概念的经典品牌,每每在第一时间记起来。

专家提示

评估大众对短视频品牌的熟悉程度,一方面跟短视频内容本身的好坏有关,一方面也受其他许多因素的影响。比如,由于品牌本身在短视频市场所占的份额不大,用户熟悉程度较低,所以即使运营者创作出优质的短视频,也不会马上火起来。再有,品牌在进入市场时,如果没有借助热点事件进行借势宣传,那么也会影响其品牌推广力。

第八章　打造能引发社群共识的IP品牌　▶ 185

短视频时代的用户渴求IP品牌

 短视频资讯

直播带货一姐"薇娅viyaaa"于2020年2月16日在微博上发布了直播活动预告。她在预告中提到的即将推荐的商品有：华为荣耀平板、飞利浦剃须

图8-1　薇娅"生活节"

刀、解放双手的扫地机器人、超实用的电饼铛、阿迪达斯三叶草50周年纪念款运动鞋等。而在正式直播时，她一共在"生活节"直播里推荐了包括上述商品在内的39种商品。

薇娅作为著名的直播带货网红，已经成为一个IP品牌。她出类拔萃的带货能力，让无数观看视频的用户产生了信赖感。大众认为，既然有那么多人去买这个网红推销的产品，那么她的推荐一定是可靠的。她推荐的产品来自多个不同领域的商家，其自身IP品牌也与各商家的品牌结合在了一起，产生了更强大的品牌效应。

短视频时代的用户之所以这么相信网红，是因为他们渴望获得具有IP品牌加持的产品。此类产品一般会在社交平台、朋友圈里成为热议的对象。用户觉得如果没有跟着购买，就难以跟上朋友圈里的话题。当周围人都知道这个网红并买了她推荐的产品时，很多人会选择跟风，跟随大众的选择。这又反过来进一步强化了网红的IP品牌。

短视频营销本身有着强烈的社交属性。用户通过短视频网红的IP品牌标签来快速完成信息筛选，以免陷入海量的营销信息中不可自拔。他们对IP品牌的信任，建立在对短视频文化的认同上。用户在相互认同的基础上走到一起，成为一个具有"亚文化"的社群圈子。而这个圈子的象征就是网红的IP品牌。只要这面旗帜不倒下，这个社群圈子的"亚文化"就能存续发展下去，用户们也能结成相互信任、共同消费的强社交关系。

说到底，短视频营销还是靠内容取胜，IP品牌本身是优质内容的产物。如果短视频的内容不够有吸引力，那么用户就不会对网红及其代表的IP品牌产生认同感。同样是直播带货，薇娅推荐同款产品就能让很多人做出购买行为，而普通的带货主播拼命努力也无法做到。

不光是各大短视频平台,就连以阿里巴巴为代表的广大企业也正在致力于发展内容电商,开辟类似淘宝直播的短视频营销渠道。他们已经意识到优质内容是营销者和千千万万用户之间的纽带。用户的消费不再只是单纯地比较商品的价格和性能参数,而是越来越注重消费时的精神体验。这种变化使得用户对个性化、品牌化内容的需求与日俱增,也在促使内容电商纷纷朝IP品牌化的方向发展。

从市场的发展趋势来看,短视频营销已经进入了品牌制胜的时代。能否打造出自己的IP品牌,决定了每个短视频营销团队的生死存亡。我们不能只满足于把内容建立在某些产品上,而应该像薇娅一样,用优质内容把自己塑造成IP品牌,取得广大用户的认同,最终实现品牌影响力的变现。

专家提示

以内容生产者的身份出道的短视频运营者和商家宣传部门的短视频运营者在打造IP品牌时的侧重点不同。前者本身有很强的原创能力,是IP品牌的供应方,通常缺少的是资金和渠道。后者一般不缺少资金和渠道,也有商家自身品牌为后盾,但不一定具备充满个性的创意。故而两者合作打造IP品牌,实现互惠互利,是现今的一个发展潮流。由于短视频营销团队往往不只与一个商家合作,所以在合作时要注意看对方是否与己方的IP品牌文化相符。如果选择不当,就会让用户感觉你的品牌变味了。

用短视频培养个性消费意见领袖

▶ 短视频资讯

网红"Brand-观察所呦"是一个以"解密品牌背后的各种趣事"为宗旨的短视频品牌。博主是一个短发萌妹子,经常以清晰、流利、不喘气的飞

图8-2 "Brand-观察所呦"

快语速，用最短时间给大家讲解各个著名品牌背后的趣事。出过《麦当劳其实是一家"房地产"公司？！》《月薪多少才能养一台10万左右的车？想买车的赶紧看过来》《雪碧vs七喜，雪碧是如何"逆袭"七喜的？！》等热门短视频。

"Brand-观察所呦"是一个典型的个性消费意见领袖，通过发表个性观点来影响自己的用户对品牌的认知。她没有像李佳琦、薇娅等人搞直播带货和产品测评，而是选择了讲解知名品牌背后故事的发展道路，主攻不同的细分市场。这些品牌观察短视频从不同的角度宣传了品牌，对品牌的传播起到了较好的推动作用。

培养个性消费意见领袖是短视频营销的一个重要手段。甚至可以说，这是打造短视频IP品牌的必要措施。因为目前市场上的商品琳琅满目，互联网上的营销信息数不胜数、真假难辨。用户越来越难以依靠个人建议做出最合理的购买决策，往往需要一个信得过的专业人士为自己提供指导意见，并将其视为消费顾问。

个性消费意见领袖就是由这个市场需求催生的。短视频网红就是其中的一种包装形式。他们虽然与商家有商业合作，但并不是企业的销售代表，而是站在消费者的角度来推荐产品或服务。如果不是这一层关系，用户不会把他们当成自己的熟人朋友一样亲近。

个性消费意见领袖靠什么取得用户的信任？高颜值是加分项，但不是最重要的。诙谐风趣的谈吐也是加分项，但不是最关键的。个性消费意见领袖真正令人认同的是其专业属性。纵观各短视频平台上的个性消费意见领袖，每个人在自己的垂直领域都具备丰富的专业知识，是大众眼中的专业人士。所以大众会被他们做的短视频内容所吸引，然后对他们推荐的东西也少有质疑。

短视频的兴起，不仅给许多业内的专业人士开拓了事业的有利条件，也让不少积累了丰富消费知识的草根获得了成为个性消费意见领袖的机遇。他们通过发布产品测评类视频、盘点类视频、市场美妆类视频等跟消费相关的个性化内容，在短视频平台上积攒人气，逐渐吸引更多用户围观，最终成为大众眼中的个性消费意见领袖。

图8-3　B站上具有高人气的KOL

这些个性消费意见领袖会定期推出短视频节目，有时会根据用户反馈的意见来做产品测评之类的内容。总之他们会寻找用户们当前最关心的消费热点，以及消费痛点。随着短视频的制作水平不断提高，个性消费意见领袖的人气也会水涨船高，逐步成为具有较大影响力的IP品牌网红。

用户通过个性消费意见领袖的短视频来了解产品和品牌，等于是让自己认可的专业人士帮自己筛选一遍产品，大大节省了自己搜索信息的精力，提高了消费的便利性。只要双方的相互信任关系没有解除，短视频营销就会获得比较稳定的流量和价值。

 专家提示

> 从根本上说,个性消费意见领袖之所以产生,是因为大众对专业的追求。人们喜欢得到专业顾问的指导意见,排除口碑不佳的商品,以免做出错误的购买决定。个性消费意见领袖扮演的就是这样的角色。无论他们是真行家,还是经过包装的"伪专家",都在不同程度上满足了这种市场需求。至于采用何种方式来培养和扶持意见领袖,则是每个短视频营销团队都应当认真考虑的问题。要想个性消费意见领袖的IP品牌不倒,最终还得靠过硬的专业能力。

IP的品牌逻辑是一群人的狂欢

▶ 短视频资讯

搞笑视频自媒体"新世纪大赏"于2020年2月26日上传了一个名为《复工者联盟》的短视频。这个短视频的名字恶搞了好莱坞电影《复仇者联盟》,但内容是全国各地的中国人穿着防护装备复工的情景。在没点开这个视频之前,我们根本无法想象人民群众为了出门复工会把自己包裹得这么严实,更

图8-4 复工者联盟

难以想象他们会把自我防护装备弄得如此五花八门、令人忍俊不禁。《复工者联盟》发布不到48个小时就获得了20485条转发、4580条评论和33000个点赞。

《复工者联盟》这个视频的内容接地气，传神地反映了人们在疫情下逐步复工的生活状态。让因宅在家里太久而感到压抑烦躁的大众得到了一个宣泄情绪的途经。火爆的人气从侧面表明，这个短视频已经引发了大众的一场狂欢。

微博"大V""三年Giao班班主任"在该视频下评论道："生活是苦难的，我又划着我的断桨出发了。"截至2月29日，这条评论得到了33个回复和1663个点赞。网友"桩泰侬"还根据《复仇者联盟》宣传海报的构图画了一幅《复工者联盟》的画。网友"都好说但是要先给钱"在转发该视频时说："笑一半又沉默了，这几天真的是见了太多电影素材，然而我们都清楚，这就是如今普通人在生活中努力向上的样子。"

从这个案例中，我们感受到了IP品牌的力量。《复工者联盟》短视频的成功在很大程度上是借了漫威的《复仇者联盟》的热度，吸引了许多国内的漫威漫画迷和影迷。再加上接中国地气的内容，又引来了许多本来对漫威的《复仇者联盟》不感兴趣的路人。在这两群人的狂欢中，《复仇者联盟》成了爆款短视频。

其实IP的品牌逻辑正是一群人的狂欢。IP品牌的内容对特定群体有很强的感召力，而该群体也需要这样的精神食粮来缓解生活压力，以及找到能与自己同喜同悲的人一起做一些在日常生活中没有机会做的事。当短视频实现IP品牌化之后，就有了比较稳定的市场。这群为IP狂欢的人，就是短视频营销的主要服务对象，甚至是衣食父母。

要想打造爆款短视频，并且进一步塑造IP品牌，就得找准市场受众的需求,在他们当中发起一些能使其狂欢的活动。这样的活动不局限于垂直社群,甚至可能超越社群,扩大为全网的狂欢。

比如,MMA(综合格斗)冠军荷洛威发起的踢瓶盖挑战。他用一记后旋踢"拧"开了矿泉水瓶的瓶盖。这项挑战的难度是在不移动瓶子的情况下将瓶盖"拧"下来。没错,用你的后旋踢精准地擦在瓶盖上,使其旋转脱落,但矿泉水瓶不能倒下。

踢瓶盖挑战最先在格斗圈名人中流行起来,后来杰森·斯坦森、甄子丹、赵文卓等功夫明星也纷纷参与,用短视频录下了挑战成功的全过程,炫耀自己精湛的腿功。这项挑战赛随着短视频的不断传播逐渐演变为了网民的集体狂欢。

图8-5 "Mr玲爷"挑战花式运动

不少名不见经传的草根网友使用后旋踢完成挑战，而且踢瓶盖挑战后来又衍生出了许多新花样。比如，以挑战花式运动为品牌特色的短视频网红"Mr玲爷"经常根据用户的评论要求来完成各种各样的花式运动，其中就包括多个不同花样的踢瓶盖挑战。

有一回，网友评论说："玲爷，你能把气球打爆，我穿高跟鞋跳忐忑。"这次的挑战是用手机开香槟酒的瓶盖，并让瓶盖飞起来击破飘在天花板下方的红气球。最终"Mr玲爷"完成挑战，该视频获得了4660条评论和69243个赞（2020年2月29日数据）。其中有不少评论是网友提出新的花式运动挑战题目。

短视频之所以能成为各种网上挑战赛的最佳展示方式，不光是因为短视频天生利于展示动态内容，更重要的是短视频营销能有力地促成全民狂欢，最大限度地增加了各个短视频创作者的互动性，从而让所有人的流量都在狂欢中受益。

营销界有句话叫作："低级的内容描述产品特点，中级的内容突出产品优点，高级的内容洞察产品利益点。"我们做短视频营销品牌时，应该洞察能够刺激用户的"利益点"，而不能把目光局限于具体的产品。

专家提示

▶ 个性化消费的核心无非是"我喜欢"三个字。无论IP品牌有多少优点，只要恰好不属于受众喜欢的类型，就不会被接受。反之，IP品牌即使存在某些缺点，只要把握住了受众最核心的需求，也是能被包容和支持的。有些粉丝用户甚至会以激进的方式来维护自己喜欢的IP品牌。因为这个IP品牌寄托了他们的情感、追求和自我认同。

品牌社交化不只是在朋友圈刷存在感

▶ 短视频资讯

2020年1月24日,"薇娅viyaaa"在微博上宣布团队已经紧急准备30000只N95口罩、10080份消毒液、100000份即食食品等物资,并将其陆续寄往武汉大学中南医院、湖北省中医院。2月16日,薇娅在淘宝直播间发起的阿里健康专场现场连线钟南山院士的弟子

图8-6 薇娅团队支持武汉战疫前线

"程远雄呼吸病博导",为观看直播的广大网友科普防疫知识。

薇娅团队支援武汉的行动体现了短视频网红们对社会公益事业的关注与支持。她和众多声援武汉的短视频团队一样,在发布的消息中加上了#抗击新型肺炎我们在行动#的话题标签。截至2月29日,微博话题#抗击新型肺炎我们在行动#的阅读量达到了79.4亿,讨论多达1237.6万条。参与其中的不光是网红、明星、"大V",还有无数普通网友。大家都在以自己的方式关注这次疫情,转发求助信息,为所有的一线工作人员祈福。

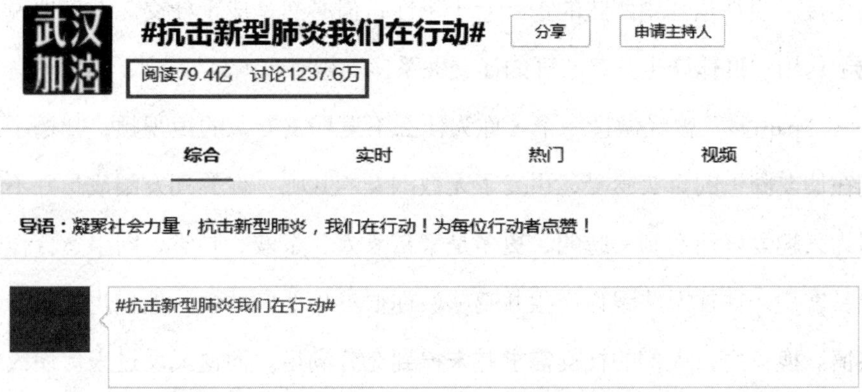

图8-7 微博话题#抗击新型肺炎我们在行动#

短视频的兴起,使人们在社交媒体上的互动比以往更加频繁和密切。本次全国抗击新型肺炎(后统一为"新冠肺炎")行动,原本看似不相干的行业,都能通过短视频形成新的联系。而原先各自为战的短视频网红团队,也在平台的引导下凝聚成一股巨大的公益力量。无数人在参与该话题活动的过程中拓宽了自己的社交关系,并且在这种万众参与的活动中找到了平时难以获得的共鸣感。这就是短视频时代的社会化营销。

从宏观形势的发展来看，每一个个性十足的短视频品牌都在朝品牌社交化的方向进化。这个过程只是有早有晚，那种圈地自萌的营销策略最终会让位于品牌社交化。所谓品牌社交化，就是建立一个能引发人们共情的品牌，把个人喜欢变为一个群体的狂欢。

这是一个张扬个性的时代。用户渴望自己的个性化消费需求能够得到满足，短视频创作者希望自己的个性能够被市场认可。但单打独斗，只在小范围圈地自萌，就大大限制了自己的发展空间，无法充分利用空前丰富的信息和社会资源。

社交不仅是个体与个体之间的连接，也是个体与群体、群体与群体之间的连接。短视频营销团队的走红始于个性，但必然是成于社交。准确地说是成于让用户群体产生共情心理的社交关系。

"papi酱"曾经做过一个《你为什么不发朋友圈》的短视频，吐槽了人们在朋友圈里的真实感受，引发了无数网友的共鸣。你的朋友圈成员并不是因为兴趣爱好而走到一起的，更多是来自家人、亲戚、同学、同事、合作伙伴、客户，往往无法跟你产生共鸣感。你很难与他们共情，他们也很难与你共情。换言之，人们的社交需求并未得到充分满足。而这又反过来促使人们更希望从自己喜欢的品牌中寻找共情的力量。

品牌社交化的潮流本质上就是在满足这种需求。故而具有鲜明"人格"的短视频品牌，会成为一些用户眼中的共情品牌。不只是为了自己享受精神食粮带来的快乐，也是借助品牌粉丝身份来重新构建自己的社交关系，确定自己的个人属性。这样的需求只会日益增加，催促着每个短视频营销团队把品牌社交化当成发展方向。

专家提示

▶ 如今的用户非常重视参与感,喜欢平等的社交关系。品牌社交化最重要的就是满足这两点。短视频运营者作为品牌"人格化"的操作者,绝不能有店大欺客的傲慢心态,也不能只是单方面给用户灌输信息,而不去倾听他们的声音。品牌社交化说白了就是"先交朋友,再做营销"。无论短视频营销团队的运营者有没有换人,都要维持品牌人格的统一,让用户把这个品牌真正当成可信任的朋友。

构建短视频营销生态圈,让品牌成为社群共识

 短视频资讯

2020年1月8日,"薇娅viyaaa"发微博称:"注意了!年货节的末班车就在1月9日!!!#薇娅必买年货清单#吃的、喝的、用的……过年送礼的……所有能想到的这次都给你们安排上了!#哆啦薇娅#功课也给你们做好了!千万别错过!贴心如我,再给你们来一发

图8-8 "薇娅viyaaa"必买年货清单

年终回血包：转发+关注我，揪100个薇娅的女人平分66600元红包！祝所有薇娅的女人们买得开心，买得尽兴哦！"

我们在塑造短视频品牌时会遇到一个问题——如何把握营销和品牌文化建设的分寸感？虽然粉丝用户愿意下单购买我们推荐的产品，但他们并不喜欢商业气息过于浓厚的品牌，还是希望短视频团队品牌文化不要那么有金钱味。

薇娅在这方面就做得不错，她的自我定位是"全球好物推荐官"。言下之意，她是帮助消费者在全世界寻找和分享好东西的推荐者，而不是卖货的销售员，也不是某款产品的代言人。这个品牌描述比"淘宝直播首席带货人""直播一姐"等称号更加亲民，其营销色彩也淡化了许多。更重要的是，喜欢

图8-9　直播中的薇娅

"好物"是广大消费者的共识，"全球好物推荐官"体现了这个共识，对构建品牌社群非常有利。

1. 构建短视频营销生态圈

短视频营销生态圈是由短视频团队、粉丝社群以及合作商家共同构成

的。短视频团队生产内容,在粉丝社群中引发互动,推广自己要展示的东西。粉丝社群参与互动,传播内容并转化为最终消费者。合作商家开发粉丝社群消费者需要的产品或服务,借助短视频团队的品牌影响力来带动粉丝消费,最终提升销售业绩。

只有三者建立了长期的社交关系与合作机制,才能形成互惠互利的营销生态圈。这个营销生态圈越健康稳定,对三方越有利。构建短视频营销生态圈的主要任务就是经营品牌社群。品牌社交化,粉丝社群化,将短视频团队和粉丝用户凝聚在一起——这是营销生态圈的核心。合作商家从某种意义上说属于这个生态圈的外延。虽然品牌社群的品牌来自短视频团队,可以灵活地选择与任何商家合作,但自己的品牌属性绝不能动摇。

2. 树立品牌社群的价值共识

在短视频营销生态圈中,无论是什么产品或服务,只有得到这个品牌社群的认可,才能实现长久的营销。品牌社群是由价值共识凝聚而成的。薇娅不断向自己的受众分享"全球好物",像朋友一样跟社群成员交流,不断塑造价值共识。粉丝一旦认同了这个价值共识,就会在消费品位和购物偏好上,受到薇娅的强烈影响,最终彻底融入这一品牌社群。

在社群中树立价值共识,主要是通过用户交互式体验完成的。观看每一期短视频,实际上已经成了品牌社群成员的一个共同仪式。虽然这个仪式是自由的,每个人想什么时候看就什么时候看,但由此引发的互动是社群成员社交的主要推手。显然,短视频已经成为树立价值共识和提升社群凝聚力的纽带。这就要求短视频团队必须用心做好内容,不断用更好的新作品来巩固价值共识,促进品牌社群的发展和短视频营销生态圈的壮大。

▶ 构建短视频营销生态圈并不意味着我们要贪大求全,把什么东西都往品牌这个筐里装。那样只会让品牌变得混杂,最终失去了自己原有的特色。短视频运营者在构建品牌社群时,一定要牢记品牌所代表的价值,以及作为品牌文化根基的社群共识。否则你的老用户就会觉得这个品牌变味了,不断从社群中离开。

后记
POSTSCRIPT

在新媒体时代，互联网的头部效应越来越明显。"高关注度—高收益—高投入—高增长"几乎已经成为一条基本法则。完成品牌化建设的短视频运营者与普通短视频运营者的收益差距非常悬殊。

尽管如此，人们还是对"短视频+"的营销模式寄予了厚望。总体而言，短视频营销方兴未艾，仍处于野蛮生长的阶段。那些已经占据有利地位的"头部梯队"，也是从默默无闻的人群中脱颖而出的。哪怕分配不到太多用户流量，"短视频+"模式依然能够有效增加商家的订单数。故而越来越多的商家都在用短视频作为形象宣传名片和产品推广工具。

参与短视频制作及运营的主体不计其数，我们很难预料短视频营销今后会发展出什么新花样，还会给世界带来什么样的惊喜。谁也说不准未来的短视频行业是否会出现新的风口，重塑当前的市场格局。要不，一起试试看？